essentials

essentials liefern aktuelles Wissen in konzentrierter Form. Die Essenz dessen, worauf es als „State-of-the-Art" in der gegenwärtigen Fachdiskussion oder in der Praxis ankommt. *essentials* informieren schnell, unkompliziert und verständlich

- als Einführung in ein aktuelles Thema aus Ihrem Fachgebiet
- als Einstieg in ein für Sie noch unbekanntes Themenfeld
- als Einblick, um zum Thema mitreden zu können

Die Bücher in elektronischer und gedruckter Form bringen das Expertenwissen von Springer-Fachautoren kompakt zur Darstellung. Sie sind besonders für die Nutzung als eBook auf Tablet-PCs, eBook-Readern und Smartphones geeignet. *essentials:* Wissensbausteine aus den Wirtschafts-, Sozial- und Geisteswissenschaften, aus Technik und Naturwissenschaften sowie aus Medizin, Psychologie und Gesundheitsberufen. Von renommierten Autoren aller Springer-Verlagsmarken.

Weitere Bände in der Reihe http://www.springer.com/series/13088

Michael Zirkler · Birgit Werkmann-Karcher

Psychologie der Agilität

Lernwege für Individuen und Teams

Unter Mitarbeit von Dominik Grolimund

 Springer

Michael Zirkler
Angewandte Psychologie
Zürcher Hochschule für
Angewandte Wissenschaften
Zürich, Schweiz

Birgit Werkmann-Karcher
Angewandte Psychologie
Zürcher Hochschule für
Angewandte Wissenschaften
Zürich, Schweiz

ISSN 2197-6708   ISSN 2197-6716   (electronic)
essentials
ISBN 978-3-658-30356-3   ISBN 978-3-658-30357-0   (eBook)
https://doi.org/10.1007/978-3-658-30357-0

Die Deutsche Nationalbibliothek verzeichnet diese Publikation in der Deutschen Nationalbibliografie; detaillierte bibliografische Daten sind im Internet über http://dnb.d-nb.de abrufbar.

© Springer Fachmedien Wiesbaden GmbH, ein Teil von Springer Nature 2020
Das Werk einschließlich aller seiner Teile ist urheberrechtlich geschützt. Jede Verwertung, die nicht ausdrücklich vom Urheberrechtsgesetz zugelassen ist, bedarf der vorherigen Zustimmung des Verlags. Das gilt insbesondere für Vervielfältigungen, Bearbeitungen, Übersetzungen, Mikroverfilmungen und die Einspeicherung und Verarbeitung in elektronischen Systemen.
Die Wiedergabe von allgemein beschreibenden Bezeichnungen, Marken, Unternehmensnamen etc. in diesem Werk bedeutet nicht, dass diese frei durch jedermann benutzt werden dürfen. Die Berechtigung zur Benutzung unterliegt, auch ohne gesonderten Hinweis hierzu, den Regeln des Markenrechts. Die Rechte des jeweiligen Zeicheninhabers sind zu beachten.
Der Verlag, die Autoren und die Herausgeber gehen davon aus, dass die Angaben und Informationen in diesem Werk zum Zeitpunkt der Veröffentlichung vollständig und korrekt sind. Weder der Verlag, noch die Autoren oder die Herausgeber übernehmen, ausdrücklich oder implizit, Gewähr für den Inhalt des Werkes, etwaige Fehler oder Äußerungen. Der Verlag bleibt im Hinblick auf geografische Zuordnungen und Gebietsbezeichnungen in veröffentlichten Karten und Institutionsadressen neutral.

Planung/Lektorat: Marion Kramer
Springer ist ein Imprint der eingetragenen Gesellschaft Springer Fachmedien Wiesbaden GmbH und ist ein Teil von Springer Nature.
Die Anschrift der Gesellschaft ist: Abraham-Lincoln-Str. 46, 65189 Wiesbaden, Germany

Was Sie in diesem *essential* finden können

- Begriffsbestimmungen für „Agilität" aus psychologischer Sicht
- Theorie und Praxis der Agilität bei Individuen sowie Gruppen und Teams
- Hinweise für das Lernen von Agilität (Lernwege)
- Risiken und Nebenwirkungen im Zusammenhang mit Agilität

Vorwort

Dieser kleine Band zur Psychologie der Agilität ist eines der Ergebnisse vieler Jahre Forschung und Praxis, in denen wir versuchen, den merkwürdigen Phänomenen menschlichen Erlebens und Verhaltens in der Arbeitswelt auf die Spur zu kommen. Es kann nur einen kleinen Ausschnitt dessen darstellen, was zum Thema zu sagen wäre.

Die Anpassungs- und Lernfähigkeit von Menschen in ihren Gruppen, Teams und Organisationen hat uns seit jeher fasziniert. Insofern war es nicht weit hergeholt, dass wir uns in letzter Zeit intensiver mit dem Thema Agilität beschäftigt haben.

Die Einflüsse und Quellen sind so vielfach, dass sie nicht im Einzelnen genannt werden können, wir sind aber dankbar für alle Dialoge, Lernsettings, Beratungen usw. in denen und mit denen auch wir lernen durften.

Explizit danken möchten wir einigen Menschen, die wesentlich dazu beigetragen haben, dass der vorliegende Band Realität werden konnte. Dazu gehört Dominik Grolimund, der mit Leidenschaft und Energie in die Felder der Psychologie vordringt, Daten an verschiedenen Orten erhoben und ausgewertet hat und die studentischen Mitarbeiter*innen in diesem Projekt auf sanfte, aber bestimmte Weise führte. Bei Vesna Granulic bedanken wir uns für die redaktionelle Hilfe und die Verbesserung der Lesbarkeit.

Wir danken Raphael Huber und Nadine Wildhaber, die am Beginn des Projekts geholfen haben, die Grundsteine zu legen. Wir danken der Europace AG (Berlin) und dort insbesondere Andreas Hertel sowie der Firma Rising Systems (Düsseldorf) und dort Sebastian Witzmann für die Einblicke in die real existierende Praxis.

Unser Dank gilt auch der Stiftung IAP in Zürich sowie dem Departement Angewandte Psychologie der ZHAW für ihre finanzielle Unterstützung unserer Arbeit.

Zürich   Michael Zirkler
im Juni 2020   Birgit Werkmann-Karcher

Inhaltsverzeichnis

Einleitung

Die gegenwärtigen Umbrüche in Industrie, Wirtschaft und der gesamten Arbeitswelt und die versuchten Antworten darauf, verlangen neben strukturellen und organisatorischen Betrachtungen auch eine psychologische. Schließlich ist es der Menschen, der in den Organisationen mit den jeweiligen Herausforderungen seiner Zeit umgehen muss.

Unter dem Stichwort „Singularisierung" beschreibt Reckwitz (2019) diese Herausforderungen wie folgt:

> In der postindustriellen Ökonomie transformiert sich im Zuge des Strukturwandels der Güter und Märkte auch die Arbeitswelt. Betroffen davon sind die Praxis des Arbeitens selbst, die Art und Weise, in der Organisationen aufgebaut sind, sowie die Kompetenzen, Wünsche und Anforderungen der arbeitenden Subjekte. Auf allen diesen Ebenen findet eine Kulturalisierung und Singularisierung der Arbeitsformen statt, die sich von den Strukturen standardisierter Arbeit der industriellen Moderne lösen (S. 181).

Menschen operieren dabei meist außerhalb von Kalkülen und Rationalität, sie sind in ihrem Erleben und Verhalten von zahlreichen weiteren, psychologischen Faktoren wie Emotionen (Angst, Freude, Hoffnung usw.) oder sozialen Verhältnissen (Familie, Freundeskreis, Nachbarschaft usw.) gesteuert.

Zu den zentralen Herausforderungen gehören die Veränderungen im Einsatz von Technologie und der Umgang mit deren beschleunigter Weiterentwicklung als auch die volatilen und dynamischen Märkte und schließlich die Globalisierung, welche Innovation, Produktion und Distribution von lokalen, regionalen, nationalen und kontinentalen Waren und Dienstleistungen zu globalen Spielfeldern hat werden lassen.

© Springer Fachmedien Wiesbaden GmbH, ein Teil von Springer Nature 2020
M. Zirkler und B. Werkmann-Karcher, *Psychologie der Agilität,* essentials,
https://doi.org/10.1007/978-3-658-30357-0_1

Dies trifft nicht nur für stark technikgetriebene und wettbewerbsorientierte Branchen wie etwa der IT oder Telekommunikation zu, sondern zunehmend in Betrieben aller Art. Für kleinere und mittlere Unternehmen (KMU) ist es häufig schwierig, angemessene Antworten zu entwickeln, zumal die Ressourcen dort in aller Regel knapper bemessen sind.

Hinzu kommt ein steigendes Bewusstsein für die ökologischen Folgen insbesondere unseres wirtschaftlichen Handelns. Es darf nicht vergessen werden, dass wir nicht nur Produzent*innen und Konsument*innen einer laufend wachsenden Weltwirtschaft sind, sondern im Akt des Produzierens und Konsumierens auch Energie verbrauchen, Schadstoffe emittieren, Abfall anhäufen, soziale Ungerechtigkeiten herstellen und viele andere „Nebeneffekte" auslösen.

Wenn im Folgenden von Agilität als einer möglichen Antwort auf Herausforderungen der Gegenwart und nahen Zukunft die Rede ist, müssen wir uns auch klar vor Augen halten, wofür diese Fähigkeit zur Agilität eingesetzt wird, wenn sie denn überhaupt vorhanden ist oder sich entwickeln lässt. Agilität kann dabei nicht nur Mittel zum Zweck sein. Über die Risiken und Nebenwirkungen, klären wir in Kap. 6 auf.

In diesem Essential wollen wir eine psychologische Perspektive der Agilität in ihren Grundzügen skizzieren.

Zunächst geht es darum, ein grundlegendes Verständnis für Agilität zu entwickeln. Folgende Fragen sollen dabei beantwortet werden:

Fragen

1. Was wird unter „Agilität" verstanden?
2. Wie findet sich Agilität konkret bei Einzelpersonen, Gruppen oder Teams und in Organisationen?
3. Wie kann Agilität gelernt und entwickelt werden?

2.1 Neue Arbeit – new work

Häufig hört oder liest man in den letzten Jahren über „neue Arbeit" oder „new work". Wir wollen in diesem Abschnitt kurz erläutern, was darunter verstanden wird und warum das Konzept der „neuen" Arbeit für ein vertieftes Verständnis von Agilität wichtig ist. Im Weiteren verwenden wir dabei nur noch die englische Bezeichnung „new work", die sich auch hierzulande etabliert hat.

2.1.1 Was ist „new work"?

Mit dem Begriff von new work wird auf eine Abgrenzung zur „alten" Arbeit hingedeutet. Man kann die Bewegung des new work als (versuchten) Emanzipationsprozess von Arbeitsverhältnissen verstehen, welche eher autoritär und entfremdend auf Menschen und ihre verschiedenen Leistungspotenziale geblickt haben. Bei allem Hype um die neue Arbeit finden wir auch heute noch überwiegend traditionelle Vorstellungen und Praktiken von Arbeit.

▶ **Definition** Zentral für die Neue Arbeit ist eine Umkehrung. Das lässt sich am einfachsten mit den Begriffen von Zweck und Mittel ausdrücken. In der Vergangenheit war die zu erledigende Aufgabe in vielen Fällen das Ziel oder der Zweck. Der Mensch wurde von anderen, aber auch von sich selbst als Werkzeug benutzt, als Mittel zur Verwirklichung dieses Zwecks. (…)
   Nicht wir sollten der Arbeit dienen, sondern die Arbeit sollte uns dienen. Die Arbeit, die wir leisten, sollte nicht all unsere Kräfte aufzehren und uns erschöpfen. Sie sollte uns stattdessen mehr Kraft und Energie verleihen, sie sollte

© Springer Fachmedien Wiesbaden GmbH, ein Teil von Springer Nature 2020
M. Zirkler und B. Werkmann-Karcher, *Psychologie der Agilität, essentials,*
https://doi.org/10.1007/978-3-658-30357-0_2

uns bei unserer Entwicklung unterstützen, lebendigere, vollständigere, stärkere Menschen zu werden (Bergmann 2004, S. 11).

Jeremy Rifkin rief bereits 1995 das „Ende der Arbeit" aus (Rifkin 2011). Vor mehr als 25 Jahren sah er die Weltwirtschaft und damit verbunden das Wesen der Arbeit in einem radikalen Wandel, „der tiefgreifende Konsequenzen für die Gesellschaft hat" (Rifkin 2011, S. 24). Die relevanten Veränderungen waren nach Rifkin der Einsatz von Computern, Software, Robotertechnologie (Automatisierung), künstlicher Intelligenz und die Vernetzung. Seine Spekulationen über die Radikalität und Geschwindigkeit der Veränderungen haben sich zwar nicht bewahrheitet, ihre Qualität hingegen schon.

Er sieht mehrere Möglichkeiten, wie die Zukunft der Arbeit anzugehen sei: „Jede verlangt einen Quantensprung der menschlichen Fantasie: nämlich die Bereitschaft, das eigentliche Wesen der Arbeit neu zu bedenken und zugleich Alternativen ausfindig zu machen, wie im kommenden Jahrhundert (gemeint ist dabei das 21 Jahrhundert; Anmerkung der Autor*innen) Menschen ihre Rolle und ihren Beitrag zur Gesellschaft definieren können" (Rifkin 2011, S. 26).

New work und Agilität sind (vorläufigen) Antworten auf die Veränderungen und Herausforderungen, die wir beobachten und erleben. Es scheint als steckten wir noch mitten in der Suche nach Alternativen, die von Rifkin bereits vor geraumer Zeit beschrieben wurden.

Eine gute Definition dessen, was neue Arbeit oder new work sein kann, finden wir in einem neueren Band von Schnell & Schnell (Schnell und Schnell 2019):

> Zusammenfassend können wir festhalten, dass New Work nicht das exemplarische Aufzeigen und Initiieren von einzelnen, losgelösten Maßnahmen ist. Es ist auch nicht nur das Verschönern von Arbeit und die Etablierung einer Spaßgesellschaft (…). Maßnahmen sollten initiiert werden, weil sie den Menschen in ihrer Tätigkeit darin unterstützen herauszufinden, was sie wirklich wirklich wollen; und die Arbeit sollte Spaß machen, weil die Menschen Leidenschaft in ihrer Tätigkeit empfinden.

> New Work fordert das Miteinander beim Arbeiten, indem die Vermenschlichung und gemeinschaftliche Interaktion gefördert werden. Erst das ganzheitliche Angehen einer Veränderung, die auf kultureller Ebene im Unternehmen stattfindet und mit unterschiedlichen und für das Unternehmen passenden Maßnahmen unterstützt wird, lässt New Work als eine Bewegung im Unternehmen lebendig werden, da wir jetzt in einer Zeit leben, die alle Kapazitäten besitzt, um Arbeit neu zu denken und zu gestalten (Schnell und Schnell 2019, S. 16).

New work kann als Sammelbegriff für einen Emanzipationsversuch von „alten" Arbeitsbedingungen verstanden werden. Die Menschen sollen sinnhafter, erfüllter, motivierter, vielleicht sogar glücklicher einer Tätigkeit nachgehen, die ihren Lebensunterhalt sichert. New work beschränkt sich dabei aber nicht nur auf die Erwerbsarbeit, sondern findet mehr und mehr auch Einzug in alle anderen Formen von Tätigkeiten oder Organisationen.

2.1.2   Organisation und Selbstorganisation

Wie Organisationen idealerweise strukturiert und mit welchen Prozessen ausgestattet sein sollten, beschäftigt bereits seit längerer Zeit verschiedene Disziplinen wie die Managementlehre, Soziologie und Psychologie. Die Antworten darauf sind Ausdruck des jeweiligen akademischen und praktischen Grundverständnisses sowie historischer und gesellschaftlicher Bedingungen. Sie unterscheiden sich folglich in erheblichem Maße voneinander und müssen stets im Zusammenhang bestimmter Interessen und Erwartungen betrachtet werden. Für die meisten Organisationen der freien Marktwirtschaft und für Verwaltungsorganisationen ist der Kern einer strukturierten Organisation Kontrolle. Die neuere Bewegung in Richtung der Selbstorganisation, ist weniger mit humanistischen Motiven zu begründen, sondern widerspiegelt einen Versuch der steigenden Komplexität der Welt mit mehr Flexibilität, Eigenkomplexität und eben Agilität zu begegnen.

2.1.2.1 Neue Organisations- und Managementmodelle

Frederic Laloux hat mit seinem Buch „reinventing organizations" (Laloux 2014) die neue Sicht auf Organisationen und die sich darin bewegenden Mitglieder vorangetrieben und ist mit seinem Werk auf ein außergewöhnliches Echo gestoßen. Der Untertitel seiner Veröffentlichung „a guide to creating organizations inspired by the next stage in human consciousness" beschreibt bereits, dass es nicht nur um eine neue Managementmethode, sondern um einen höheren Grad an Bewusstsein geht, der eine andere Form des Organisierens und des Zusammenarbeitens nach sich ziehen wird.

Damit wird deutlich, dass der Anspruch nicht mehr im Bereich technischer Lösungen verortet wird, sondern unmittelbar in psychologische, soziale, möglicherweise sogar spirituelle Dimensionen vordringt.

Hermann Arnold beschreibt in seiner Veröffentlichung „Wir sind Chef" (Arnold 2016) eine persönliche Lernreise mit verschiedenen Selbstversuchen und daraus gewonnen Erkenntnissen als Schweizer Unternehmen. Diese Geschichte kann man als laufenden Prozess zu einem neuen Bewusstsein und damit einem anderen Denken über die Möglichkeiten und Grenzen der Organisation lesen.

Hermann bietet mit seinem Werk ein Konzept mit verschiedenen Freiheitsgraden für alle Beteiligten von vollkommen gesteuert, geführt mit Handlungsspielräumen über autonom in definiertem Rahmen bis hin zu vollkommen selbstorganisiert (Arnold 2016, S. 33 ff.). Je mehr man sich in Richtung Selbststeuerung oder Selbstorganisation bewegt oder bewegen will, desto mehr wird Agilität zum Thema, desto agiler, also lernfähiger müssen Menschen und Systeme werden.

In diesem Zusammenhang ist auch vom Reifegrad des Menschen und der Organisationen die Rede, was sich eng an die Vorstellungen von Laloux anlehnt.

2.1.2.2 Sinn oder purpose

Bergmanns (2004) tautologische Formel, was die Menschen „wirklich wirklich wollen" (Bergmann 2004, passim), der „call", die „Berufung", wird im derzeitigen Diskurs als purpose bezeichnet. Purpose ist für new work essentiell. Bergmann versteht darunter den Perspektivenwechsel von Arbeit als „milder Krankheit" hin zur Entdeckung der „Berufung" (Bergmann 2004, S. 16). Allerdings – und das ist sehr wichtig – sieht Bergmann eine große Herausforderung darin, überhaupt herauszufinden, was mein „call" ist, was das sein könnte, was ich „wirklich wirklich" tun möchte. Er konstatiert eine „Armut der Begierde" (Bergmann 2004, S. 134 ff.), durch welche wir uns daran gewöhnt hätten in Bezug auf die Berufung in der Arbeitswelt keine allzu hohen Ansprüche zu stellen.

Die Leitidee des new work ist, dass ein Individuum sobald es seinen purpose gefunden hat, diesen in der Arbeit angemessen leben sollen könnte. Diese Idee ist nur umsetzbar, wenn man eine Arbeit bzw. Arbeitsbedingungen findet, die dem eigenen purpose entsprechen.

Die explizite Formulierung des purpose kann riskant sein, wie Tim Kelley bemerkt:

> Darin liegt der Nachteil, wenn man seinen purpose kennt. Jetzt muss man etwas dafür tun! Betrachten Sie dies als eine Warnung, bevor Sie fortfahren (...). Wenn Sie Ihren purpose kennen, kann das von Ihnen vielleicht beängstigende oder unangenehme Dinge verlangen. (...). Ein sinnvolles Leben zu führen ist eine Verantwortung. (...) Die Klarheit, das Gefühl der Erfüllung und die Orientierung, die ich durch die Kenntnis meines purpose erhalte, ist das wertvollste Geschenk, das ich mir vorstellen kann. (Kelley 2009, S. xxi); unsere Übersetzung.

Im idealen Fall fallen dann individueller purpose und der purpose einer Organisation zusammen. Die Werte, Visionen, Zukunftsvorstellungen usw. einer Person gehen dann vollkommen in der Organisation auf: „Thank God it's Monday" lautet dementsprechend der Buchtitel der New Work Agentur „Dark

Horse" (Darkhorse Innovation 2017). Ohne Zweifel würde ein solcher Resonanz-rahmen für das Individuum viele positive Kräfte freisetzen, er würde jedoch auch einige Risiken und Gefahren mit sich bringen, Kap. 6 zu den „Risiken und Nebenwirkungen". Ein solcher Resonanzrahmen hätte aber auch sehr viele Vor-teile für die Organisation, das liegt klar auf der Hand. Der Nachteil allerdings ist ein weitgehender Verlust von direkter Steuerung im traditionellen Sinne. Denn wenn individueller und organisationaler purpose ein zu großes Delta auf-weisen, muss man damit rechnen, dass es zum Bruch kommt. Zumindest eine gut gebildete, urbane, junge Schicht von Menschen kann vergleichsweise angstfrei auf Arbeitsmärkte und Opportunitäten blicken. Sie sind, wenn man so möchte, in Bezug auf die eigene Employability sehr agil.

2.2 Agilität

2.2.1 Agilität, Flexibilität und Unsicherheit

Wir haben bereits einige Hinweise zusammengetragen, die es verständlicher machen, warum „Agilität" am Beginn des 21. Jahrhunderts weit oben auf der Managementagenda steht. Mit Blick in die Literatur stellen wir fest, dass Agili-tät nicht wirklich neu ist, dass die Idee der Agilität bereits in mehreren Varianten vorgekommen ist. Eine davon ist „Flexibilität", wie sie Richard Sennett, einer der scharfsinnigsten und gleichzeitig kritischsten Analytiker herrschender Verhält-nisse, prominent auf den Punkt gebracht hat:

> Heute (das Buch ist erstmals 1998 erschienen; Anm. der Autor*innen) wird der Begriff „flexibler Kapitalismus" zunehmend gebraucht, um ein System zu beschreiben, das mehr ist als eine blosse Mutation eines alten Themas. Die Betonung liegt auf der Flexibilität. Starre Formen der Bürokratie stehen unter Beschuss, ebenso die Übel blinder Routine. Von den Arbeitnehmern wird verlangt, sich flexibler zu verhalten, offen für kurzfristige Veränderungen zu sein, ständig Risiken einzugehen und weniger abhängig von Regeln und förmlichen Prozeduren zu werden (Sennett 2010, Einleitung).

Wenn wir unseren Arbeitsalltag beschreiben sollen bzw. wir uns mit anderen darüber unterhalten, wie Erwerbsarbeit heute abläuft, lautet es häufig: Die Arbeit an sich ist gut, macht sogar häufig Spaß, aber die Umstände werden zunehmend schwieriger und anspruchsvoller. Es ist von Stress, Hektik, Druck, Erwartungen und Schnittstellenproblemen die Rede, aber auch zunehmendem Abstimmungs-und Verwaltungsaufwand, Rapportierungspflichten usw.

Wenn wir das für den psychologischen oder soziologischen Kontext über-setzen, wären wir bei Begriffen wie etwa der Beschleunigung (Rosa 2014), der Multioptionsgesellschaft (Gross 2002) oder der Erosion von Sozialstrukturen (Beck 2017; Han 2019; Reckwitz 2019).

„Wir haben keine Ahnung, wie der Arbeitsmarkt im Jahr 2050 aussehen wird" schreibt Yuval Noah Harari (Harari 2018) und „Allgemein geht man davon aus, dass maschinelles Lernen und Robotik so gut wie jedes Metier ver-ändern werden, von der Joghurtproduktion bis zum Yogaunterricht" (Harari 2018, S. 49). Es sei schwer zu entscheiden, ob wir am Rande fundamentaler Umwälzungen stehen oder „solche Prognosen nur ein weiteres Beispiel für eine Maschinenstürmer-Hysterie (sind), die jeder Grundlage entbehrt" (Harari 2018, S. 49).

Diese starke Umwälzung zeigt sich besonders rasch und deutlich in der Wirt-schaft und dort besonders in Organisationen. Dadurch lässt sich auch erklären, dass Agilität im Bereich der Steuerung von Organisationen, also im Management derzeit sehr populär ist.

▶   „Agilität" ist eine aktuelle und mögliche Antwort auf die jetzt
     beobachtbaren oder antizipierten Veränderungen in unserer Welt:
     eine steigende Komplexität der Verhältnisse und eine Dynamisierung
     in den Prozessen der Leistungserstellung (Arbeit) sowie eine erhöhte
     Abstimmungs- und Anpassungsfähigkeit.

Elena Esposito (Esposito 2007) verhilft mit einer differenzierten Betrachtungs-weise von Entscheidung und Unsicherheit zu einem besseren Verständnis dessen, was man mit „Agilität" in den Griff bekommen möchte:

> Wenn man Entscheidungen trifft, versucht man, Unsicherheit abzufangen. Doch damit erzeugt man zugleich neue Unsicherheit – für sich selbst und andere. Eine Welt, in der Menschen Entscheidungen treffen, hat nicht nur eine unsichere Zukunft, die von der in der Gegenwart getroffenen Entscheidungen abhängt. In dieser Welt vervielfacht sich die Unsicherheit noch um die Zahl der Personen, die Entscheidungen treffen. Jede dieser Personen macht ihre Entscheidung wiederum von den Entscheidungen anderer Personen und den Konsequenzen dieser Ent-scheidungen abhängig. Und weil das natürlich alle tun, kommt es zu einer schwindelerregenden Unsicherheitsvervielfachung (Esposito 2007, S. 51–52).

Die von Esposito beschriebene grundsätzliche Unsicherheit, welche sich über die Möglichkeit zur globalen Vernetzung potenziert, lässt sich mit Hilfe von „Agili-tät" besser bearbeiten als mit starren Strukturen und Prozessen. Hier können

Entscheidungen in kürzeren zeitlichen Abständen, situativ getroffen werden. Die „gegenwärtige Zukunft" (Esposito 2007, S. 57), also eine Zukunft, wie sie sich gegenwärtig abzeichnet, kann damit besser gestaltet werden. Auf diese Weise bindet man sich nicht an einen festgelegten Plan, sondern kann je nach Bedarf reagieren, indem neue Entscheidungen (kurzfristig) getroffen oder Entscheidungen von der Gegenwart in die Zukunft verlegt werden.

Was bedeutet nun Agilität genau? Werfen wir zunächst einen Blick in die einschlägige Literatur, finden wir einige Definitionsversuche:

▶ Agilität – Definitionen

- Beweglichkeit, Flinkheit, Rührigkeit (Wirtz und Dorsch 2020).
- [Agile is] the ability to create and respond to change in order to succeed in an uncertain and turbulent environment. Instead of relying on extensive up-front planning, solutions evolve through collaboration between self-organizing, cross functional teams utilizing the appropriate practices for their context (Rose 2018, S. 15).
- Agilität bietet eine umfassende Antwort auf die Herausforderungen, die ein – durch Wandel und Unsicherheit beherrschtes – Unternehmensumfeld stellt. Für ein Unternehmen bedeutet Agilität die Fähigkeit, in einer Wettbewerbsumgebung gewinnbringend zu operieren, die charakterisiert ist durch ständig, aber unvorhersehbar sich verändernde Kundenwünsche. Für das Individuum bedeutet Agilität die Fähigkeit, dazu beizutragen, den Nutzen dieses Unternehmens gewinnbringend zu mehren, das als Antwort auf unvorhersehbar sich verändernde Kundenwünsche ständig seine menschlichen und technischen Ressourcen verändern muss (Goldman 1996).
- Agility is a persistent behaviour or ability of a sensitive entity that exhibits flexibility to accommodate expected or unexpected chances rapidly, follow the shortest time span, uses economical, simple and quality instruments in a dynamic environment and applies updated prior knowledge and experience to learn form the internal and external environment (Qumer und Henderson-Sellers 2008, S. 281).
- Tatsächlich beruht aber „Agilität" in Organisationen (…) auf Achtsamkeit, Reaktionsfähigkeit und Schnelligkeit, Fähigkeit und Geschick – und vor allem auf Teamarbeit. Darum wird heute nicht nur eine Verbesserung bestehender Organisationsformen, sondern ein fundamentaler Wandel des Verständnisses, was eine Organisation ist und was sie leisten soll, verlangt (Hasebrook et al. 2019).

- In agilen Organisationen haben markt- und kundenzentrierte Gewinnung sowie kollaborative Nutzung, Gestaltung und Integration von Wissen zentrale Bedeutung für die Geschäftsentwicklung. Agile Unternehmensführung fußt auf einer experimentellen Zukunftsorientierung im Sinne des Denkens in Szenarien. Anstelle einer eindeutigen Zieldefinition umfasst die Strategie dementsprechend eine grundlegende Richtungsbestimmung, die hinreichend Flexibilität bei der Umsetzung des situativ geeignetsten Zukunftsentwurfs lässt (Klaffke 2019).

Internationale Literatur Übersicht

Eine Zusammenstellung weiterer Definitionen aus der internationalen Literatur findet sich bei Förster und Wendler (2012) sowie bei Eltawy und Gallear (2017).

Agilität steht im engeren Zusammenhang mit einem Konzept, das im radikalen Konstruktivismus, also einer Theorie des Wissens und Lernens bekannt geworden ist und das als „Viabilität" bezeichnet wird.

2.2.2 Viabilität

Agilität kann als eine Kompetenz verstanden werden, die Viabilität eines Systems zu erhöhen. Ein agiles System ist in der Lage, seine Überlebensfähigkeit zu erhöhen. Mit Viabilität besitzt ein Unternehmen die Fähigkeit, Untiefen geschickt zu umschiffen und kollisionsfrei zu operieren (Glasersfeld 2011, 2013). Dazu muss es nicht zwingend einen detaillierten Plan festlegen und diesen detailgetreu verfolgen, sondern es können Anpassungen vorgenommen, Umwege gemacht oder neue Richtungen eingeschlagen werden. Das System muss jedoch von Zeit zu Zeit überprüfen, ob es im Grundsatz das eigentliche Ziel noch verfolgt oder ob es dem Risiko verfallen ist, sich von einer Opportunität zur nächsten zu bewegen und sich damit nur noch ziellos treiben lässt (was allerdings auch eine Überlebensstrategie sein kann).

2.3   Praxis von new work und Agilität

2.3.1   Praxis von new work

Wenn von der Praxis die Rede ist, neigt man vielleicht dazu anzunehmen, es gäbe eine „best practice" oder zumindest eine mehr oder weniger geteilte Praxis. Wir sehen geteilte Praktiken dort, wo sich Menschen darum bemühen, die bestehenden Methoden korrekt anzuwenden. Dabei entstehen teilweise vorsätzlich, teilweise unabsichtlich lokale oder temporäre Anpassungen der Methoden, in Abhängigkeit von den jeweiligen Verhältnissen. Die Praktiken, die wir im Bereich von new work und Agilität ansprechen, sind eher verschiedene „functional practices". Eine functional practice ist in der Sprache von new work eine Praxis, welche „safe enough to try" ist oder auch eine solche, welche sich als ausreichend funktional bewährt hat.

Häufig werden in der Praxis pragmatische Lösungen erarbeitet und implementiert, selten wird die reine Lehre puristisch und buchstabengetreu umgesetzt. Man kennt die Konzepte und Methoden, passt sie allerdings den Bedingungen nach den eigenen Bedürfnissen und Möglichkeiten an.

Beispiel

Es ist eher eine Erweiterung unseres Handlungsfeldes und unserer Tool-Boxen, als der Stein der Weisheit. Häufig wird dann gesagt: Das erschlägt jetzt alles, sei es jetzt die Agilität oder die Holakratie oder was es sonst noch gab in der Vergangenheit, wie Scrum usw. Wir haben so viel Menschheitsgeschichte schon hinter uns, das Wenigste davon ist dokumentiert. Dass wir jetzt gerade den Stein der Weisen finden, der uns alle Probleme löst, glaube ich nicht. Und Adaptivität und Agilität sind was Schönes, was immer auch den nächsten Schritt mit beinhaltet, deswegen ist es sicherlich etwas das weiterführt, ohne für sich proklamieren zu müssen, dass einzig Richtige zu sein. (Zitat aus einem Forschungsinterview). ◀

2.3.1.1 Probleme bei der Einführung von new work

Je nachdem, wo ein Team oder eine Organisation seinen Anfang hat, kann der Weg zu new work ein weiter sein. Insbesondere dann, wenn es nicht nur um die Einführung von Methoden und Werkzeugen geht, sondern um eine tief greifende Veränderung der Haltung, der Perspektiven und Einstellungen. Eine Vielzahl an Schwierigkeiten kann bei der Implementierung von new work auftauchen (Bauer et al. 2019). Sehr viele Gewohnheiten und Gewissheiten („das haben wir schon immer so gemacht", „das ist Usus in unserer Branche") müssten infrage gestellt und überwunden werden. Es bleibt bis heute aber eine offene Frage, welche Herausforderungen spezifisch bei new work-Einführungen und welche allgemein bei Changevorhaben eine Rolle spielen.

Die Veränderungen im Bereich von Führung sind besonders kritisch bei der Einführung von new work. Die von der Familie, über den Kindergarten, die Schule, die Ausbildung bis in die Berufsrolle hinein sozialisierten Verständnisse von Führung und damit von Macht, Machtdistanz und Machtausübung sind bei Individuen tief verankert und lassen sich nicht ohne Weiteres verändern. Hinzu kommt, dass Machtfragen auch jeweils kulturell beeinflusst sind. Je nach kultureller Grundprägung im Umgang mit Macht lassen sich neue Formen der Kommunikation, der Zusammenarbeit usw. schneller oder langsamer etablieren (siehe hierzu ausführlich Hofstede 2017).

Einige Hinweise dazu, wie die Veränderung von Führungs- und Machtfragen in der Transition zu holakratischen Organisationen stattfindet (power shift) bzw. worauf dabei zu achten wäre, wurde von uns im Rahmen eines Workshops am Holacracy Forum 2019 wie folgt zusammengefasst (Zirkler 2019c):

> **Tipp**
> - Minimierung der Unsicherheiten durch das Schaffen von Transparenz und psychologischer Sicherheit
> - Ermutigung zu neuer Autorität (Haim Omer): Stärke statt Dominanz
> - Die Vorteile von power shift erlebbar machen: insbesondere Stressreduktion
> - Mit den Möglichkeiten verteilter Führung (shared leadership) experimentieren
> - Gute Erfahrungen mit positiver Führung machen und Erleichterung erleben, wenn man gut geführt wird
> - Die Sehnsucht nach Zugehörigkeit und Beziehung stärken
> - Persönliches Coaching während der Transitionsphase: die alten Machthaber davor bewahren, in alte Muster zurückzufallen, helfen das Empowerment wirklich zu wagen
> - Ideen entwickeln, wie Machtmissbrauch sanktioniert werden kann (good governance in der Praxis)

2.3.2 Praxis der Agilität

Zur Praxis der Agilität verweisen wir an dieser Stelle auf die Erkenntnisse aus der IAP Studie 2019, die im Kapitel Abschn. 2.3.2.1 genauer erläutert werden (Majkovic et al. 2019). Auch in der Praxis wird die Unterscheidung von „doing agile" und „being agile" vollzogen:

> **Beispiel**
>
> Agilität ist abstrakt, es ist immer schwierig, das in der Praxis einzusetzen. Und wenn man verstanden hat, was eigentlich dahintersteht als Mindset und was die Werte sind und wenn man ein Team hat, das gewillt ist die Werte auch zu leben, dann ist es eigentlich erst da. Das ist für mich das Entscheidende bei Agilität. Also nicht die Methode, sondern die Werte, die damit einhergehen (Zitat aus einem Forschungsinterview). ◄

Sobald die Philosophie verstanden ist und die Kultur gelebt werden kann, scheint Agilität neben Produktivität auch positive Emotionen zu erzeugen:

> **Beispiel**
>
> So richtig gut wurde es aber erst in dem Moment, wo du halt dann gemerkt hast, okay, wir machen jetzt was anders und es funktioniert besser. Das sind dann halt die kleinen Erfolgserlebnisse. Es ist auch wieder sehr stark abhängig vom Team. Also da gehört mehr dazu als nur die Agilität, da gehört auch ein gutes Team dazu und wenn man das aber hat, dann können aus guten Teams, sehr gute bis Hochleistungsteams werden.
>
> Ich würde nie wieder irgendwas im Wasserfall machen, weil ich einfach festgestellt habe, dass die Erfolgsquote bei agilen Projekten viel, viel, viel, viel höher ist (Zitat aus einem Forschungsinterview). ◄

2.3.2.1 Probleme bei der Einführung von Agilität

In der IAP Studie 2019 (Majkovic et al. 2019, S. 13) werden als zentrale Hindernisse bei der Einführung von Agilität folgende genannt: Widerstände wegen Unsicherheiten und Befürchtungen, Unklarheiten (Rollen, Entscheidungen, Zuständigkeiten), fehlendes Fachwissen und Überforderung.

Die Förderung einer Fehlerkultur und einer lernenden Organisation (Argyris und Schön 2018) wird in der IAP Studie 2019 (Majkovic et al. 2019, S. 17) als wichtigstes Element bei der Transformation von Menschen und Organisationssystemen durch die befragten Praktiker*innen benannt. Weitere wichtige Elemente sind Lernbereitschaft, Offenheit und Umgang mit Unsicherheit (Majkovic et al. 2019, S. 19).

Bei einer Fallstudie einer agilen Organisation, die bereits viele Aspekte des agilen Arbeitens problemlos einführen konnte, fand sich als einer der wesentlichen hemmenden Faktoren für das Lernen des Unternehmens das Thema Konflikte:

Beispiel

Ein weiteres bedeutendes Thema, dass sich in der Auswertung der Daten ergab und sich negativ auf die Lernfähigkeit auswirkt, ist das Thema Konflikte. (…) Dazu gehört auch das Thema Kritik, da sich in den Daten gezeigt hat, dass allfällige Kritik öfters zurückgehalten wird, um einem Konflikt aus dem Weg zu gehen:

(36) T5: „Insgesamt achten die Leute halt sehr drauf, dass sie sich nicht verletzen. Also wenn zum Beispiel das Feedback vielleicht ein bisschen härter ist und die Leute sich nicht wissen, wie sie das gut rüberbringen können und die Sorge haben, dass sie jemand anders verletzen, es dann zurückhalten."

(37) T4: „Wir waren schon immer sehr bedacht in der Frage, wie wir kommunizieren. Also es knallt hier echt wenig."

Es zeigt sich, dass vieles unausgesprochen bleibt, da sehr auf das Wohlbefinden der anderen Personen geachtet wird. Dies kann unter anderem dazu führen, dass wichtige Sachen unausgesprochen bleiben und das Teamlernen wie auch das persönliche Lernen dadurch behindert werden:

(25) T12: „Es bewegt sich sehr viel rund um Rauschen, um Dinge, die nicht klar ausgesprochen werden."

(27) T12: „Es gibt Stationen in Meetings, wo es vielleicht kontroverse Standpunkte gibt […] wo man nur merkt, so hey, da geht es einem jetzt gerade nicht gut, mit dem was gesagt wurde oder mit dem, wo die Lösung gerade hingeht. Und dann gibt es vielleicht einen Dritten, der anfängt an der Lösung rum zu feilen, um für denjenigen zu sorgen, dem es gerade nicht gut geht. So. Also und wir haben nie wirklich darüber gesprochen."

(33) T7: „Man schafft es halt nicht, die Energie des gesamten Teams zu nutzen. Weil es dann noch Scheu gibt, mit einer gewissen Haltung auf die Kollegen zuzugehen und dann auch besprechbar zu machen wo man gerade nicht so gut in der Lage ist, mit denen das Problem zu besprechen." (Stutz 2019, S. 37). ◄

Dies gibt uns einen weiteren Hinweis darauf, dass eine psychologische Perspektive bei der Veränderung von Systemen durchaus Relevanz hat.

Beispiel

Der tribe chief ist ähnlich wie der frühere Abteilungsleiter, der agile coach ist eine neue Rolle, damit der tribe chief nicht the one and only Führungsperson ist und sorgt dafür, dass das agile Denken und Verhalten hineinkommt, er ist das agile Gewissen.

Es gibt Teams die wurden top down agil (gemacht), da finden wir die alten Managementrollen im agilen setup wieder, auch wenn die keine Ahnung haben. Dort sagen die Leute, wir befolgen agile Prozesse, aber der Mind-Change hat nicht stattgefunden. Den Vorteil hat man erst, wenn man den Mind-Change hat, sonst befolgt man einfach agile Prozesse (Zitat aus einem Forschungsinterview). ◄

New work und Agilität

New work und Agilität hängen thematisch und passen inhaltlich gut zusammen, bedingen sich aber nicht zwingend. Agilität verstehen wir als eine aktuelle und mögliche Antwort auf die jetzt beobachtbaren oder antizipierten Veränderungen in unserer Welt. Diese werden heute als dynamisch und beschleunigt verstanden, sodass auch die Antworten „agiler" sein müssen. Sie ist auf individueller Ebene und im Bereich von Organisationen durch Offenheit, Lernfähigkeit sowie insgesamt durch eine Verbesserung der Viabilität gekennzeichnet.

Persönlichkeit und Agilität

Die Beschreibung und Diagnostik von Persönlichkeit haben die Psychologie bereits früh beschäftigt. Begriffe wie Führungspersönlichkeit, Unternehmenspersönlichkeit oder kreative Persönlichkeit (Schuler und Kanning 2014, S. 1269) zeugen von dem Versuch, individuelle Merkmale mit spezifischen Ergebnissen in Zusammenhang zu setzen. Die Frage nach der Existenz einer agilen Persönlichkeit liegt also nahe. In der Differenzierung zwischen „doing agile" versus „being agile", die in der Literatur zu Agilität oft gemacht wird, ist bereits die Idee enthalten, dass es eine Art „agiles Sein" geben könnte. Aus psychologischer Perspektive stellt sich die Frage, ob es Charakterzüge gibt, die mit einer besonderen Affinität zu agilen Kontexten einhergehen. Oder ist „being agile" das Ergebnis eines Lernprozesses, das jede Person erreicht, wenn sie lange genug „doing agile" praktiziert?

In diesem Kapitel werden verschiedene psychologische Konstrukte beschrieben, die auf individueller Ebene mit Agilität in Zusammenhang gebracht werden können. So sollen Eigenschaften und Orientierungen aufgeführt werden, die eine Passung mit dem Arbeiten unter agilen Bedingungen aufweisen oder vermuten lassen. Weiter wird das Konzept des agilen Mindsets aus einer Lernprozess-Perspektive beleuchtet, Charakterstärken im Zusammenhang mit agiler Persönlichkeit aus der Perspektive der Positiven Psychologie beschrieben und Interviewauszüge aus Gesprächen mit Arbeitnehmenden in agilen Arbeitskontexten aufgeführt.

© Springer Fachmedien Wiesbaden GmbH, ein Teil von Springer Nature 2020
M. Zirkler und B. Werkmann-Karcher, *Psychologie der Agilität*, essentials, https://doi.org/10.1007/978-3-658-30357-0_3

3.1   Gibt es die agile Persönlichkeit?

Um es vorwegzunehmen: Es existiert nach Wissen der Autoren*innen keine Definition einer agilen Persönlichkeit. Die Suche in psychologischen Datenbanken verläuft ergebnislos[1].

Dies mag Ausdruck der Zurückhaltung der psychologischen Forschung gegenüber Businesstrendvokabeln sein. Es mag aber auch eine Rolle spielen, dass die Psychologie als Wissenschaft von typisierenden Etikettierungen so weit als möglich absieht und nicht die Persönlichkeit alleine, sondern das Zusammenspiel zwischen Persönlichkeit und Situation als Erklärung für Verhalten heranzieht (Neyer und Asendorpf 2018 beschreiben ein ausführliches Verständnis von Persönlichkeit).

Auch im Hinblick auf die agile Belegschaft als Ganzes, die agile workforce, wird andernorts eine Konzeptunschärfe festgestellt (Muduli und Pandya 2018, S. 277).

Während also im Praxisdiskurs versiert über Agilität und das agile Mindset gesprochen und geschrieben wird, gibt es auf Forschungsseite sehr wenige Beiträge, die eine Grundlage für ein besseres Verständnis des Phänomens bieten. Sie werden nachfolgend vorgestellt.

3.2   Agilität und bekannte psychologische Konzepte

Psychologisches Empowerment (Muduli und Pandya 2018) und emotionale Intelligenz (Hosein und Yousefi 2012) haben einen nachweislich positiven Einfluss auf Agilität. Beides, Empowerment wie auch emotionale Intelligenz, sind neuere psychologische Konzepte, die auch im Wirtschaftskontext auf große Resonanz gestoßen sind. Die hauptsächlichen Zusammenhänge aus beiden Studien werden in Abb. 3.1 dargestellt.

Werfen wir einen detaillierten Blick auf die Erkenntnisse von Muduli und Pandya (2018): Psychologisches Empowerment ist eine gefühlte Handlungsbevollmächtigung, die sich aus einer Erlaubnis („Ich *darf*") und aus einer Handlungsfähigkeit („Ich *kann*") zusammensetzt. Drei Empowerment- Faktoren beeinflussen Agilität dabei nachweislich positiv: Erstens die Selbstbestimmung, also die Wahrnehmung, dass das eigene Handeln Folge einer frei getroffenen Wahl ist, hinter der keine exzessive monetäre Belohnung und auch kein anderer

---

[1]Recherche „agile" und „personality" in PsycINFO und PSYNDEX am 23.01.2020.

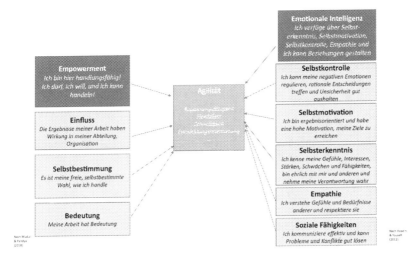

Abb. 3.1 Empowerment, Emotionale Intelligenz und Agilität. (Eigene Darstellung in Anlehnung an Hosein und Yousefi 2012; Muduli und Pandya 2018)

Zwang steht. Zweitens die Wahrnehmung von Wirkung, die das eigene Handeln auf Arbeitsergebnisse und in die Organisation hinein hat. Drittens die Bedeutung, die man der eigenen Arbeit beimisst.

Von Hosein und Yousefi (2012) wurde nachgewiesen, dass emotionale Intelligenz auf individueller Ebene zu Agilität in der Organisation beiträgt. Angelehnt an das Konzept der emotionalen Intelligenz von Goleman (1995) konnten sie im Detail zeigen, dass sowohl die Faktoren Selbsterkenntnis (Self-awareness), Selbstkontrolle und Selbstmotivation als auch Empathie und soziale Fähigkeiten einen deutlich positiven Einfluss auf Agilität haben.

Als Persönlichkeitskonstrukt im Sinne basal überdauernder Tendenzen, wie sie in der Fünf Faktoren-Theorie der Persönlichkeit (Mc Crae und Costa 2008) beschrieben werden, kann unter den bisher aufgezählten Faktoren keiner bestehen. Keiner der Faktoren zählt zu einer der bekannten Big five-Persönlichkeitseigenschaften (Extraversion, Stabilität, Offenheit für Neues, Gewissenhaftigkeit, Verträglichkeit). Stattdessen verweisen beide Studien auf zentrale Fähigkeiten der Selbststeuerung und Kommunikation sowie zusätzlich auf gut gestaltete Arbeits- und Arbeitskontextbedingungen. In einem der wichtigsten Arbeitszufriedenheitsmodelle von Hackman und Oldham (1980) wurden bereits Autonomie – inhaltsverwandt mit der Selbstbestimmung- und Bedeutsamkeit der

Arbeit – inhaltsverwandt mit dem new work-Faktor „purpose" – zusammen mit der Kenntnis der Arbeitsergebnisse als bestimmend für resultierende Arbeitszufriedenheit aufgeführt. Autonomie in der Arbeit und das Leisten bedeutungsvoller Arbeit machen zufrieden. Möglicherweise eben auch agil.

▶ **Wichtig**

Agilität hat eine Komponente, die auf Arbeit und Arbeitskontext verweist: Personen sind agiler, wenn sie bedeutungs- und wirkungsvolle Arbeit unter selbstbestimmten Handlungsbedingungen leisten können.

Eine weitere Komponente der Agilität reicht ins Spektrum populärer psychologischer Konzepte hinein, die sich um einen Kern an Selbststeuerungs- und Kommunikationsfähigkeiten gruppieren: Demnach sind Personen agiler, die einen kenntnisreichen, bewussten und wohl auch fürsorglichen Umgang mit sowohl der eigenen Person als auch mit anderen Personen und eine ausdauernde Selbstmotivation zur Erreichung eigener Ziele aufweisen.

3.3   Agiles Mindset

Von einer agilen Persönlichkeit ist auch in Diskussionsforen und Blogbeiträgen über Agilität und New Work selten die Rede. Stattdessen aber erscheint häufig ein anderer Begriff, wenn auf die Bedeutung einer passenden Haltung, Denk- und Herangehensweise im agilen Arbeitskontext hingewiesen werden soll: Das agile Mindset.

Ein Interviewpartner hat es so beschrieben:

Beispiel

Und wenn man das verstanden hat, was eigentlich dahintersteht als Mindset und was die Werte sind und wenn man ein Team (hat), was gewillt ist die Werte auch zu leben, dann ist es eigentlich erst da. Das ist für mich das Entscheidende bei Agilität. Also nicht die Methode, sondern die Werte. (…) also auch im Vergleich zu (XY), wo ich war. Da war das Mindset nicht vorhanden, oder manchmal auch der Wille glaube ich, manchmal auch nicht das Verständnis. Was auch Grundlage ist für das Mindset. Und bei dem Entwicklerteam haben sich alle darauf eingelassen und jeder hat das anerkannt, also das ist der Weg wie wir arbeiten wollen. (…) Aber so hochgerechnet auf die gesamte Bundesrepublik, alle Einwohner, ist es ja ein verschwindend kleiner Anteil, die tatsächlich agil arbeiten und so ein Agilität-Mindset haben und auch im Privatleben verwenden. ◄

Der Inhalt des agilen Mindsets ist nicht so leicht zu greifen. In den Forschungsinterviews wurde oft von iterativem anpassungsfähigem Vorgehen, von der Bereitschaft zur schnellen Beendung falsch ausgerichteter Projektarbeit oder auch von einer gleichen Art zu denken gesprochen.

▶ Mit dem Begriff „Mindset" wird zunächst einmal nur eine generelle Haltung oder Einstellung bezeichnet. Im engeren Sinne ist damit eine bestimmte Art zu denken gemeint, die wachgerufen wird in der Konfrontation mit einer Aufgabenstellung und die benutzt wird, um sie zu lösen (Gollwitzer et al. 1990, S. 1119 ff.). Gefühle und Handeln sind weitere Elemente, die mit dem Denken und letztlich mit der kognitiven Herangehensweise an eine Aufgabenstellung eng verbunden sind.

Spezifische Mindsets charakterisieren folglich Haltungen und Denkweisen verschiedener Schulen oder Systeme. So zum Beispiel werden ein „Design Thinking Mindset" (Sobel et al. 2019) oder „Growth Mindset" (Dweck 2016) beschrieben. In diesen Mindsets sind Glaubenssätze über den jeweils relevanten Ausschnitt der Welt enthalten.

Das Verständnis dessen, was ein „agiles Mindset" ist und welche Elemente es umfasst, ist Gegenstand vieler Beschreibungen in Blogs, Podcasts und Praktiker*innenliteratur. In einer kürzlich erschienenen Arbeit wurden diese Beschreibungen gesammelt, gruppiert, in Experteninterviews verifiziert und ihre Bedeutung für effektive agile Teamarbeit getestet (Miler und Gaida 2019). So entstand eine noch immer extensive Liste von Merkmalen, die von agil arbeitenden Praktiker*innen als relevant für effektive, agile Teamarbeit bestätigt wurde. Man könnte sagen: es ist eine empirisch getestete Version des Verständnisses vom agilen Mindset. Es umfasst eine Vielzahl an Elementen, die in die Kategorien „Unterstützung für Businessziele", „Organisation der Arbeit", „Beziehungen zum Team" und „individuelle Merkmale" gruppiert wurden. Unter der Kategorie der individuellen Merkmale, auf welche wir in diesem Kapitel fokussieren, finden sich folgende Elemente (im Kursivdruck die als besonders wichtig geltenden):

▶ **Individuelle Merkmale eines agilen Mindsets**

Offenheit für Veränderungen/Notwendigkeit für Veränderungen verstehen

Positive Haltung

Kontinuierliche Verbesserung und Lernen/Bereitschaft kontinuierlich neues Wissen zu erlangen

Motiviert sein

Offenheit für Kritik und Feedback/Die Bedeutung von Retrospektiven verstehen

Offenheit für Andere

Pragmatismus

Individuelle Initiative

Mut

Commitment

Kreativität und Innovation

Visionär sein

Verantwortungsbereitschaft

Aus psychologischer Sicht ist dieses agile Mindset eine Mischung aus Werten, Orientierungen, Arbeitsprinzipien, Persönlichkeitseigenschaften und sozialen Kompetenzen.

Arbeit wird darin als Quelle kontinuierlichen Lernens und persönlicher Weiterentwicklung begriffen, und beides ist immerzu möglich. Der Glaube an kontinuierliche Entwicklung wird auch als „Growth Mindset" beschrieben (Dweck 2016) und bildet die Quintessenz einer Lern- und Anpassungshaltung gegenüber sich wandelnden Umwelten.

Die Entwicklungsgeschichte des agilen Mindsets lässt sich nachzeichnen: Viele Jahre zurück in den Anfängen der agilen Softwareentwicklung haben zunächst einige wenige Entwickler Erfahrungen mit einer neuen Herangehensweise an die Arbeit gemacht, die stärker an Kurzfristigkeit, Kundenbedürfnis und nützlichem Output orientiert war (Schwaber 2013). Eine veränderte Arbeitsorganisation mit gemeinsamer Planung der Arbeitspakete, klarer Aufteilung und häufiger Abstimmungen über Fortschritte ging damit einher. Erfolgsrelevante Verhaltensweisen, darunter die Partnerschaftlichkeit im Umgang mit Kunden, direkte und offene Kommunikation, auch von möglichen Fehlern oder Nichterfolgen und die gegenseitige Unterstützung waren gefordert und wurden als erfolgreich erkannt. Diese Erkenntnisse wurden geteilt, es hat sich eine Überzeugung über die Überlegenheit gegenüber bisherigen Arbeitsweisen und -haltungen verfestigt, die schließlich als Regeln oder Prinzipien formuliert, weitergereicht und angereichert wurden. So haben sich Anforderungen an die einzelne Person sowohl im Umgang mit ihrer Aufgabe, ihren Kunden, mit dem umgebenden Team als auch mit sich selbst herauskristallisiert: Lösungsorientierung statt Fehlerorientierung, motiviert sein, gegenseitiges Helfen, gegenseitiges Zuhören, fokussieren aufs gemeinsame Ziel, Offenheit für Kritik und Feedback, Teilen von Wissen und Ergebnissen, Respekt, Vertrauen, Ehrlichkeit und vieles mehr (vgl. Miler und Gaida 2019, S. 846).

Ein Interviewpartner beschreibt, wie er die Konfrontation und Aneignung des agilen Arbeitens erlebt hat:

Beispiel

Genau, am Anfang habe ich das für eine total verrückte und nicht realisierbare Sache gehalten. Weil, das geht doch nicht, ohne dass ich weiß, wann was fertig ist, so, wie bis heute mein Kunde ein Stück weit argumentiert. Dann gab es die Phase, wo ich das auch wirklich versucht habe, ja das ist fast schon wie diese Teamphasen, also die Verneinungsphase, wo ich dann so Scrum kennengelernt habe und so nein, das kann ja alles nicht funktionieren, wo du dich dem so ein Stückchen weit fast schon verweigert hast. Dann hast du halt mal angefangen, dann gab es die ersten Probleme, da hast du gesagt, ja siehst du, funktioniert nicht. Dann kommt eigentlich irgendwie die Phase, wo du das erste Mal gezwungen bist die Sachen anzupassen und wo du dann auf einmal merkst, okay, das ist ja schon mal nicht schlecht, weil man dann zumindest über die Sachen klar wird, die nicht so doll gelaufen sind und die auch anpassen kann (Zitat aus einem Forschungsinterview). ◄

Durch die Konfrontation mit agilen Arbeitsmethoden und Arbeitskulturen findet ein Lernprozessstatt, der nicht nur das Handeln, sondern auch das Denken über Arbeit umfasst. Da dieser Prozess im Austausch mit Kolleg*innen stattfindet, entstehen dabei Annahmen über die Aufgabe, die Arbeitsweise, über Umgangsformen, die miteinander geteilt werden. Senge (1994) nennt diese Annahmen „mentale Modelle". Er schreibt ihnen die Kraft zu, unsere Wahrnehmungen zu formen und dadurch zu beeinflussen, was wir sehen und wie wir handeln.

Die folgende Passage beschreibt das Erlebnis, wie aus einer individuellen Art wahrzunehmen, Dingen zu sehen und zu handeln ein geteiltes mentales Modell entsteht:

Beispiel

Im Groben ist das so, wo mehrere Leute etwas feststellen, wo dann plötzlich so ein Gemeinschaftswissen entsteht; wo alle dann von der einen Sache, wo sie vielleicht unterschiedlich unterwegs waren, plötzlich das Gleiche denken und dann so dieses Aha-Erlebnis haben und sich dann entsprechend gleich verhalten, weil sie einerseits für sich gelernt haben, aha so ist jetzt das Thema, und sie wissen, die anderen haben das Gleiche gelernt und sehen das auch so (Zitat aus einem Forschungsinterview). ◄

3.4   Learning Agility

Wenn man eine lernorientierte Haltung als Meta-Beschreibung eines agilen Mindsets annimmt, muss an dieser Stelle ein jüngeres psychologisches Konstrukt vorgestellt werden, das Lernen und Agilität explizit verbindet: Lernagilität („learning agility").

3.4.1   Lernen und Agilität

Die Prägung des Begriffs geht zurück auf Lombardo und Eichinger, die mit Lernagilität die Bereitschaft und Fähigkeit beschrieben haben, Kompetenzen zu erlernen, um Leistung unter neuartigen oder schwierigen Bedingungen erbringen zu können (Lombardo und Eichinger 2000, S. 323). Sie entwickelten ihr Konstrukt explizit im Kontext von High Potential-Selektion zum Zweck der Führungsentwicklung und wollten hierfür ein valides prädiktives Kriterium schaffen.

Das Konzept der Lernagilität wurde seither nahezu ausschließlich auf Führungskräfte bezogen und empirisch an ihnen erforscht. Die Zusammenhänge zwischen selbst und fremd eingeschätzter Lernagilität und Leistung sind gemäss der Studienübersicht von De Meuse bemerkenswert hoch (De Meuse 2017).

Weshalb jedoch grenzt man das Konstrukt Lernagilität vom allgemeinen Lernen ab?

Sicherlich ist jede Form des Lernens aus Erfahrungen alltagsrelevant und damit auch arbeitsrelevant (vgl. Pfister und Müller 2019, S. 35) und zweifellos

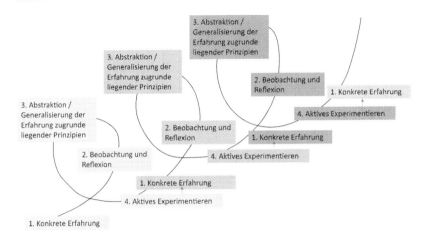

Abb. 3.2   Erfahrungsbasierter Lernzyklus (Kolb und Kolb 2009)

ist Lernen eine grundlegende menschliche Fähigkeit. Variabel im Lernprozess sind jedoch Komponenten wie die Motivation, Geschwindigkeit und Übertragung gesammelter Erfahrung auf neue Kontexte. Manche Menschen zeigen dabei eine hohe Flexibilität, die den Bedeutungskern der Lernagilität definiert.

Man kann sich das folgendermaßen vorstellen: Jeder Mensch bildet aus konkreten Erfahrungen mit Hilfe von Reflexion generalisiertes Wissen und Kompetenzen. Damit durchläuft er einen Lernzyklus, der sich wie eine Spirale immer weiter zu mehr Wissen und mehr Kompetenzen bewegt. Diesen Lernzyklus (Abb. 3.2) durchlaufen alle Menschen, aber gemäss dem Konstrukt der Lernagilität in unterschiedlicher Häufigkeit, Geschwindigkeit und unterschiedlich erkenntnis- und ertragreich.

Der Unterschied zwischen einer allgemeinen Lernfähigkeit und Lernagilität ist auf konzeptioneller Ebene noch nicht einvernehmlich geklärt. Im Folgenden wird auf ein engeres Verständnis von Lernagilität Bezug genommen:

▷ „Lernagilität ("learning agility") ist die Fähigkeit, schnell ein Situationsverständnis zu entwickeln und sich flexibel zwischen Ideen/Gedanken hin und her zu bewegen, um innerhalb und zwischen Erfahrungen zu lernen." (De Rue et al. 2012, S. 262 ff.; eigene Übersetzung).

Es werden hauptsächlich zwei Eigenschaften angesprochen: In einer gegebenen Situation schnell Muster erkennen zu können, die helfen, passende Erfahrungen zu aktivieren und weitere, neue Lernerfahrungen zu machen. Dasselbe gilt für die Übertragung auf neue Situationen, in denen das Erkennen von Verbindungen, von Grundmustern der Erfahrung, die Auswahl des bestmöglichen Verhaltens ermöglicht oder auch beschleunigt.

Personen mit hoher Lernagilität verhalten sich demnach folgendermaßen (De Rue et al. 2012, S. 263):

1. Sie kommen in einer spezifischen Erfahrungssituation schnell und flexibel zu verschiedenen Schlussfolgerungen, wenn dies gerechtfertigt erscheint.
2. Sie beissen sich nicht in einer Sichtweise fest.
3. Sie transferieren Gelerntes in neue Situationen und Erfahrungen.

Der folgende Interviewauszug beschreibt eine Situation, die den zweiten Punkt illustriert:

Beispiel

(…) zum Einen wir hatten heute ein Roadmap Meeting. und wir hatten bereits eine fertige Roadmap, wo schon gewisse Themen definiert waren. Das wollen wir dieses Jahr noch fertigstellen, das wollen wir im 1. Quartal noch fertigstellen und wir sind mit dem Team in dieses Meeting reingegangen und haben gesagt: Ok lass uns komplett noch mal neu priorisieren und nicht an diesem starren Gebilde festhalten. Wir sind damit zu der Erkenntnis gekommen, OK eigentlich haben sich die Teamschwerpunkte doch noch mal verschoben. ◄

Lernagilität ist ein Konstrukt, dessen Bedeutung in agilen Organisationsformen nicht mehr ausschließlich auf Führungskräfte bezogen werden kann. Wenn sich im Zuge agiler Organisationsformen die klassischen Führungsaufgaben auf die Köpfe vieler Rollenträger*innen verteilen, werden auch motivationale und kognitive Anforderungen der Selbstführung übergeben. Lernagilität ist somit auch eine wichtige Komponente der personalen Agilität in Aufgabenkontexten, die nicht mit technisch-funktionalen Kompetenzen alleine bearbeitet werden können, weil sie uneindeutig und komplex sind.

3.4.2 Komponenten der Lernagilität

Lernagilität lässt sich auf die folgenden Dimensionen zurückführen:

• Geschwindigkeit in der Wahrnehmung und Verarbeitung von Information
• Flexibilität in den Denkprozessen (De Rue et al. 2012, S. 263).

Beispiel

Dass ich in einer sehr komplexen Welt flexibel aufgestellt sein muss. Ich muss in der Lage sein auf Impacts reagieren zu können und meine eigenen Verhaltens-, Arbeits- und Reaktionsweisen darauf einstellen können. Ich muss sehr schnell Situationen erfassen können dabei, um die Auswirkungen zu verstehen, aber trotzdem den Faden nicht zu verlieren. Ich muss trotzdem in der Lage sein mein Ziel zu erreichen, egal wie agil das Ganze ist. Ich muss hochgradig flexibel und professionell damit arbeiten können (Zitat aus einem Forschungsinterview). ◄

Während Geschwindigkeit in der Informationsverarbeitung zu schnellem Handeln führt, benötigt Flexibilität mehr Zeit. Flexibilität meint hier das Betrachten und Abwägen verschiedener Ideen und Gesichtspunkte, die auch im Widerspruch zu einander stehen können. Daher sind diese Dimensionen nicht als unabhängig voneinander konzipiert (De Rue et al. 2012, S. 264). Man geht von einem Trade-Off aus, einen Tauschhandel, ähnlich wie man das bei Geschwindigkeit versus Genauigkeit in den Leistungstestverfahren kennt. Entweder man ist eher schnell und gibt dem Abwägen von Ideen weniger Zeit oder wägt länger ab, mit dem Preis, nicht so schnell ins Handeln zu kommen. Grundsätzlich ist Geschwindigkeit wie auch Flexibilität wichtig, aber zu einem gegebenen Zeitpunkt kann nicht beides gleichzeitig maximal verfolgt werden kann.

Die Verbindung hin zu den üblichen organisationalen Agilitätsdefinitionen mit der Betonung von Geschwindigkeit und Flexibilität ist an dieser Stelle offensichtlich.

Abb. 3.3 zeigt die Einflussfaktoren auf individuelle Lernagilität.

Die im Modell aufgeführten Faktoren der Lernagilität werden in der folgenden Tab. 3.1 beschrieben (De Meuse 2017; De Rue et al. 2012). Die Kontextfaktoren sind Thema in Kap. 4.

Diese Aufzählung beruht auf einem Modell, das einzelne Verbindungsannahmen empirisch gut begründen kann. Es wird hier ausführlich dargestellt, weil sich zum einen einige der bisher genannten Konzepte darin widerspiegeln und weil es zum anderen reich an Ansatzpunkten ist, die eine praktikable Grundlage für eine Selbstreflexion und gezielte Entwicklungen bieten.

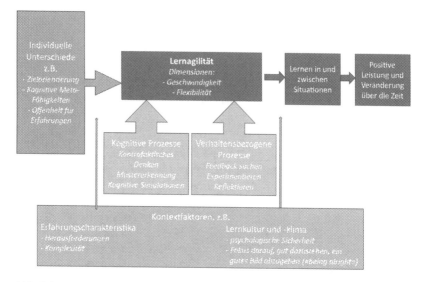

Abb. 3.3 Modell der Lernagilität (De Rue et al. 2012)

Lernagilität als Teil einer agilen Persönlichkeit?

Individuelle Agilität umfasst auch eine kognitive Komponente. Diese bezieht sich hauptsächlich auf die Geschwindigkeit in den Informationsverarbeitungsprozessen und die Qualität der resultierenden Problemlösung. Weiter scheint die Fähigkeit zur Mustererkennung für agiles Denken und Handeln zentral zu sein. Denn wenn man in neuen Situationen grundlegende Muster schnell erkennt, kann man auch schnell Situationspotenzial und -anforderungen einschätzen und beantworten. Das spart Zeit und Energie. Mustererkennung erleichtert zudem die Entwicklung kreativer Ideen, indem assoziative Verbindungen zwischen scheinbar isolierten Daten gezogen werden.

Feedback, Experimentieren und Selbstreflexion haben ebenfalls Einfluss auf die Lernagilität.

Die Offenheit für Erfahrungen, auf die das Modell der Lernagilität unter Bezug auf die Fünf-Faktoren-Theorie der Persönlichkeit verweist, zählt zu den basalen Tendenzen, die unsere Persönlichkeit beschreiben und die eine mittlere Stabilität über den Lebensverlauf aufweisen (Neyer und Asendorpf 2018, S. 284). Hierin liegt der wohl klarste Hinweis auf ein relativ stabiles

Persönlichkeitsmerkmal, das eine agile Persönlichkeit charakterisieren könnte.

Schließlich wird auch für die Lernagilität die Rolle der Kontextfaktoren betont: Wo ein herausforderungsarmer Aufgabenkontext oder eine lernunfreundliche Organisationskultur vorherrschen, wird auch Lernagilität heruntergebremst.

Tab. 3.1 Einfluss- und Bestimmungsfaktoren von Lernagilität (De Meuse 2017; De Rue et al. 2012, S. 265)

Faktor	Beschreibung
Lernzielorientierung, gekoppelt mit einer Orientierung an Leistungszielen	Eine Ausrichtung auf Lernziele per se, die sich idealerweise mit einem zu erzielenden Aufgaben- bzw. Leistungsergebnis verbinden
Kognitiven und metakognitiven Fähigkeiten	Allgemeine kognitive Fähigkeit, die mit den Kapazitäten des Arbeitsgedächtnisses in Verbindung gebracht wird und eine schnellere Informationsverarbeitung sowie das Erkennen von Verbindungen zwischen Elementen erleichtert. Die Fähigkeit zum Überwachen eigener Denkprozesse durch das Reflektieren eigener Denkprozesse (Wie denke ich, und könnte ich es auch anders tun?). Innerhalb der kognitiven Prozesse, die Lernagilität befördern, sind damit verbunden: a) kognitive Simulationen (Was würde passieren, wenn ich so oder so handeln würde?) b) kontrafaktisches Denken (Was wäre passiert, wenn die Situation anders gewesen wäre oder ich anders gehandelt hätte?) c) Mustererkennung, die Lernerfahrungen in verschiedenen Situationen verbindet
Offenheit für Erfahrungen	Eine intellektuelle Neugier, die neue Erfahrungen in breiten Kontexten und die Offenheit für Veränderungen einschließt. Durch das Aufsuchen neuer Erfahrungen ergibt sich eine breitere Basis, aus der geschöpft werden kann
Feedback-Suche und Nutzung	Suche nach Feedback, um Informationsreichtum über das eigene Verhalten und dessen Wirkung aus verschiedenen Perspektiven kennenzulernen und Hinweise für Alternativverhalten zu bekommen; Nutzung durch Umsetzung der Alternative

(Fortsetzung)

Tab. 3.1 (Fortsetzung)

Faktor	Beschreibung
Aktives experimentieren	Schnelles Ausprobieren von Ideen, d. h. Umsetzen in Verhalten, ermöglicht die Erkenntnis, was funktioniert und was nicht funktioniert
Selbstreflexion	Im engeren Sinne bedeutet Selbstreflexion das Reflektieren und Verarbeiten von Erfahrungen. Im weiteren Sinne, die unverstellte Selbstkenntnis und Selbsteinsicht in Stärken und Schwächen, in Wünsche und Bedürfnisse

3.5   Agilität und Charakterstärken

Mit dem Konzept der Charakterstärken führen wir eine weitere Perspektive in die Frage nach der agilen Persönlichkeit ein. Der agile Arbeitskontext wird hier als ein Einsatzort für vorhandene Stärken betrachtet. Es wird analysiert, welche Stärken möglicherweise im agilen Arbeiten besonders aufblühen können.

3.5.1   Charakterstärken

Charakterstärken sind stabile, aber dennoch veränderbare Persönlichkeits-eigenschaften (Peterson und Seligman 2004). Sie charakterisieren uns durch ihre Ausprägungen und verleihen uns unseren Charakter. Diese Betrachtungs-weise und mehr noch das Klassifikationssystem der 24 Charakterstärken, auf das wir uns beziehen werden, sind ein Aushängeschild der Positiven Psycho-logie. Sie repräsentiert ein noch junges Paradigma in der bisherigen Tradition der Psychologie, das eine Erweiterung der bisher defizitorientierten Perspektive darstellt. Neben der Beschäftigung mit Schwächen und Störungen wird in einer ergänzenden Perspektive auf das gelingende, glückliche Leben geschaut. Dazu gehört eine aktive Beschäftigung mit positiven psychologischen Erfahrungen wie zum Beispiel dem Flow-Zustand, die Erforschung institutioneller Bedingungen für das Herausbilden positiver Erfahrungen und Persönlichkeitseigenschaften (Seligman und Csikszentmihalyi 2000) und schließlich das Klassifikationssystem der Charakterstärken, welches von Peterson und Seligman (2004) vorgelegt wurde.Die 24 Charakterstärken sind das Ergebnis einer umfassenden Sammlung und Verdichtung von Charakter- und Tugendbeschreibungen aus lebensweltlicher, philosophischer und psychologischer Lektüre. Sie werden 6 Tugenden zugeordnet, einer inhaltlichen Nähe der Eigenschaften folgend (Tab. 3.2):

Charakterstärken gelten grundsätzlich als veränderbar und dennoch finden sich bei jedem Individuum drei bis sieben sogenannte Signaturstärken, die besonders wichtig und kennzeichnend sind. Es sind die Stärken, die eine Person „…besitzt, feiert und häufig ausübt" (Peterson und Seligman 2004, S. 18). Genauer beschrieben sind es die Stärken, die uns das Gefühl vermitteln, durch sie authentisch beschrieben zu sein. Man arbeitet gerne in Projekten, in denen man diese Stärken einsetzen kann, ist generell intrinsisch motiviert sie auszuüben und fühlt sich dabei energetisiert.

Die Diagnose der Charakterstärken wird via Testverfahren von Peter & Seligman (VIA-IS) ausgearbeitet. Die Signaturstärken werden in einem strukturierten Interview (VIA-SI) erhoben.

▷ **Tipp**
Eine Diagnose der eigenen Charakterstärken kann über einen kostenlosen Test (VIA-IS) auf der Website von charakterstärken.org in deutscher Sprache vorgenommen werden.
In englischer Sprache steht er unter Viaedge.com zur Verfügung.

3.5.2 Charakterstärken und Agilität

Gewisse Charakterstärken wie Neugier, Dankbarkeit, Hoffnung, Fähigkeit zu lieben und geliebt zu werden und Tatendrang stehen in positivem Zusammenhang zu allgemeiner Lebenszufriedenheit (Park et al. 2004).

Harzer und Ruch (2013) konnten spezifisch für Arbeitskontexte zeigen, dass der Einsatz von Aktivitäten, die mit den eigenen Stärken kongruent sind, mit positivem Erleben am Arbeitsplatz wie Arbeitszufriedenheit, Freude am Arbeiten, Engagement und erlebter Bedeutsamkeit einhergeht.

Wenn also der Einsatz der Signaturstärken bei der Arbeit mit einer Energetisierung Hand in Hand geht, stellt sich die Frage, wie man dies in agilen

Tab. 3.2 Charakterstärken nach Peterson und Seligman (2004)

Kategorie	Weisheit und Wissen	Beherztheit, Mut	Menschlichkeit	Gerechtigkeit	Mässigung	Transzendenz
Inhaltliche Beschreibung	*Kognitive Stärken im Zusammenhang mit Erwerb und Einsatz von Informationen*	*Willensstärken, Ziele auch gegen innere oder äussere Widerstände zu verfolgen*	*Stärken, fürsorgliche Beziehungen zu Anderen zu pflegen*	*Stärken in der optimalen Interaktion zwischen dem Einzelnen und der Gruppe*	*Stärken, die vor Exzessen jeder Art schützen*	*Stärken, die helfen Bedeutung im Leben zu erfahren*
Charakterstärke	Kreativität, Originalität	Tapferkeit (Mut)	Fähigkeit zu lieben und geliebt zu werden	Teamwork (Bürgerverantwortung, Teamfähigkeit)	Vergebungsbereitschaft und Gnade	Sinn für das Schöne und Exzellenz
Charakterstärke	Neugier, Interesse, Offenheit für Erfahrungen	Ausdauer (Hartnäckigkeit, Beharrlichkeit, Fleiss)	Freundlichkeit (Großzügigkeit)	Fairness	Bescheidenheit und Demut	Dankbarkeit
Charakterstärke	Aufgeschlossenheit, kritisches Denken	Ehrlichkeit (Integrität)	Soziale Intelligenz (soziale Kompetenz)	Führungsvermögen	Vorsicht (Besonnenheit, Umsicht)	Hoffnung (Optimismus)
Charakterstärke	Liebe zum Lernen	Tatendrang (Vitalität)			Selbstregulation	Humor
Charakterstärke	Perspektive, Weisheit					Religiosität und Spiritualität

Eigene Darstellung, frei übersetzt

Kontexten erreichen kann. Eine hohe Übereinstimmung der eigenen Signaturstärken mit den Erfordernissen oder Möglichkeiten der Arbeit selbst oder den
Arbeitsbedingungen wäre demnach erstrebenswert.

Wenn man die Charakteristika agilen Arbeitens aus den agilen Prinzipien und
Arbeitsmethoden ableitet und mit den Beschreibungen der 24 Charakterstärken
abgleicht, fallen Charakterstärken wie Mut, Fairness – im Sinne von Respekt,
Neugier – im Sinne von Offenheit und die Liebe zum Lernen unmittelbar ins
Auge. Diese Perspektive entspricht dem, was Harzer und Ruch (2013, S. 979)
mit „demand-ability-related fit" beschreiben: Man schaut, welche Anforderungen
ein Job – oder in unserem Kontext das agile Arbeiten gefiltert durch die Job-
rollen – stellt und mit welchen Charakterstärken diese Anforderungen am
besten in Übereinstimmung stehen könnten. Die alternative Perspektive des
„needs-supply-related fit" würde danach fragen, welche Signaturstärken jeweils
auf Nutzung drängen, und wie gut der Job diese Nutzung ermöglicht.

In den Interviews mit Personen aus agil arbeitenden und unterdessen auch
holakratisch organisierten Unternehmen, haben wir festgestellt, dass es eine
übereinstimmende Signaturstärke unter den Gesprächspartnern gab (als Signaturstärken galten die sieben Charakterstärken gemäss dt. VIA-IS mit den individuell
höchsten Werten): Ehrlichkeit, also „die Wahrheit sagen und sich natürlich verhalten". Wie könnte gerade Ehrlichkeit als Charakterstärke in agilen Arbeitskontexten realisiert werden? Unsere Vermutung ist, dass sie sich in der Gestaltung
der Arbeitsbeziehungen mit Kunden und Kollegen wiederfindet.

Die folgenden Interviewbeispiele illustrieren dies:

Beispiel

Wir machen mittlerweile Design Sprints mit unseren Kunden für Produkt-
lösungen und auch für Geschäftsmodelllösungen. Was also vor fünf bis zehn
Jahren total undenkbar gewesen wäre, für beide Seiten. Heute empfinde ich da
eine große Offenheit, das ist ein Wert, den ich da halt wahrnehme, den ich mit
Agilität verbinde. ◄

Beispiel

Das heisst wir haben einen Kunden, der alles andere als agil vorgeht, der ist
noch sehr Wasserfall organisiert, das heisst, der denkt auch ausschließlich
in Terminen und will Projektpläne haben und Meilensteine und lauter so ein
Zeug. (…) Wir haben jetzt wieder den Fall, dass zum Jahresauftakt nächstes
Jahr halt (..) der Kunde bei mir angerufen und gesagt (hat): Du, ich muss von

dir aber wissen, dass das fertig wird zum Anfang März. Also das brauche ich deine feste, hundertprozentige Zusage. Und dann sage ich halt, kann ich nicht zusagen. Also ich kann dir zusagen, dass wir alles dafür tun werden, um das Ziel zu erreichen, aber ob wir es dann schaffen, ist eine andere Frage. Und deswegen erlebe ich jetzt gerade wieder sehr bewusst Agilität, weil wir halt nicht ein Betontermin dahinstellen und sagen, so und bis dahin ist das und das fertig und es ist in einem Pflichtenheft niedergeschrieben, sondern wir haben dann nach längerem hin und her diskutieren gefragt, oder haben wir uns geeinigt darauf, dass wir wie gesagt alles dafür tun werden, dass bis zum 1.3. ein erstes benutzbares Teilprodukt zumindest verfügbar ist. ◄

Diese Schilderungen sind lediglich Einzelfallgeschichten; belastbare Erkenntnisse würde eine systematische Erforschung der Signaturstärken in agilen Arbeitskontexten erbringen.

3.5.3   Job Crafting

Im vorigen Abschnitt wurden Interviewauszüge von Personen aufgeführt, die längere Jahre -und daher mutmaßlich beidseitig zufrieden und effektiv – in einer agilen Organisation arbeiten. Die Frage lautete, welche Signaturstärken in einen agilen Kontext passen würden. Job Crafting hingegen geht vom umgekehrten Ansatz aus und stellt die Frage, wie man seine gegebenen Signaturstärken in der Arbeit einsetzen und zum Aufblühen bringen kann.

▶ **Definition** Job-Crafting sind Aktivitäten in Form physischer oder kognitiver Veränderungen, die Individuen an ihrer Aufgabe oder an den Beziehungsgrenzen vornehmen (Wrzesniewski und Dutton 2001, S. 179). Das kann bedeuten, Arbeitsaktivitäten zu verändern (mehr, weniger, anders) oder die Kontakte, die man bei der Arbeit pflegt, zu verändern, oder aber auch die Aufgabe anders zu verstehen, anders zu erzählen.

Job-Crafting eröffnet die Möglichkeit, den Job besser in Übereinstimmung mit den eigenen Bedürfnissen und also auch mit den individuellen Signaturstärken zu bringen. Unter den Bedingungen einer agil werdenden Arbeitswelt stehen Möglichkeiten des aktiven Zuschnitts und der Veränderung der eigenen Stelle mehr Türen als zuvor offen.

Fazit

Wir haben die Frage nach der Existenz einer agilen Persönlichkeit gestellt. Festzustellen ist, dass die Praxis einen intensiven Diskurs über Agilität führt, wobei das agile Mindset den Kern bildet. Dieses agile Mindset scheint eine Übereinkunft darüber zu sein, wie man als Person denkt, fühlt und handelt, wenn man agil an Situationen herangeht. Die Praxis hat also ein implizites Bild dessen, was zu „being agile" gehört, und dieses Bild lässt sich explizieren. Das haben wir ausgeführt.

Die Forschung aus psychologischer Perspektive hat die agile Persönlichkeit bzw. das „being agile" bisher kaum aufgenommen und kann daher der Praxis noch nicht viel fundierte Klarheit für Personalselektion und -Entwicklung vermitteln. Erste Hinweise deuten darauf hin, dass psychologische Konzepte aus dem Kreis der Selbstkompetenzen eine Rolle für die individuelle Agilität spielen. Auch das Konzept der Lernagilität – sich schnell und flexibel zwischen Gedanken hin und her zu bewegen und Situationen schnell zu verstehen – scheint relevant zu sein. Weiter gibt es Hinweise darauf, dass der Big 5-Faktor „Offenheit für Erfahrungen" eine Rolle spielt.

Wir haben das in der Tradition der positiven Psychologie stehende Konzept der Charakterstärken vorgestellt und vorgeschlagen, sie als Ressourcen für Energetisierung und Motivation in agilen Kontexten zu betrachten. Das Konzept des Job-Crafting beschreibt schließlich, dass nicht nur schon vorhandene Kontextmerkmale für den „Fit" ausschlaggebend sein müssen, sondern dass auch ein aktives Gestalten der äusseren Bedingungen oder ihrer Wahrnehmung zu einer verbesserten Passung und damit zu einer stärkeren Energetisierung in der Arbeit führen können.

Agilität in Teams und Organisationen

Agilität gilt als die Leitidee, an der sich Organisationen in ihren Transformationsprojekten zur Anpassung an neue Marktbedingungen orientieren (Boes et al. 2016; Schumacher und Wimmer 2019). Auf sie richtet sich das Bestreben aus, Strukturen und Prozesse umzubauen, sodass aus langsam und behäbig auf den Markt reagierenden Systemen schnelle schlagkräftige Einheiten werden. Die kleinen Start-ups aus der Technologieszene gelten dabei oft als Vorbild für Agilität. Ihre Umgangsweisen (informell und hierarchieunterbetont), Spielregeln (Transparenz, Salonfähigkeit von Fehlern, Teilen von Wissen usw.) und Arbeitsmethoden (Scrum, Kanban, Design Thinking) werden daher gerne auch von traditionelleren Organisationen übernommen. Agiles Arbeiten breitet sich von der „new economy" in die „old economy" aus, vor allem dort, wo hoch qualifizierte Wissensarbeit gefragt ist (Gergs 2019).

Wenn man Erfahrungsberichte oder Studien liest, in denen die Hindernisse dieses Umbaus grösserer Systemeinheiten zur agilen Organisation beschrieben werden, stösst man auf die Bedeutung der Teamebene. Auf dieser Ebene werden sowohl agile Methoden eingeführt und ausgeübt als auch Verbindlichkeiten und Zugehörigkeiten aufgebaut. Dennoch ist nicht die Teamebene alleinentscheidend für das Gelingen agiler Transformation. Selbst wenn die Teams nach innen funktional sind, können sie aufgrund nicht gelöster Systemabhängigkeiten an den Grenzen zur umgebenden Organisation in Schwierigkeiten geraten (Leopold 2018). Deshalb gilt es, Agilität in Teams nicht losgelöst von ihrer Einbettung in der Organisation zu betrachten.

© Springer Fachmedien Wiesbaden GmbH, ein Teil von Springer Nature 2020
M. Zirkler und B. Werkmann-Karcher, *Psychologie der Agilität*, essentials,
https://doi.org/10.1007/978-3-658-30357-0_4

4.1   Agilität in Teams

Die agilen Methoden wie Scrum, Kanban, Design Thinking oder auch OKR's (Objectives Key Results) haben Agilität in die Teams und Organisationen gebracht.

Man kommt also nicht an den agilen Frameworks, den Prozessrahmenwerken, vorbei, wenn man die Bewegung hin zur Agilität nachzeichnen möchte.

4.1.1   Agile Frameworks

Agile Frameworks (Prozessrahmenwerke) wie Scrum, Kanban, Design Thinking oder neuerdings das Zielmanagementsystem OKR (Objectives and Key Results) stellen die Methodenebene der Agilität dar. Sie beinhalten Beschreibungen von Arbeitsmitteln und Arbeitsweisen zur Planung und Steuerung von Arbeit. Als neue Managementmethoden für Projekte oder Ziele verweisen sie auch auf zugrundliegende Annahmen, Prinzipien und Werte. Wie bei Scrum (Schwaber 2013) liegt ein Fokus auf dem kollaborativen und transparenten Vorgehen in der Arbeit.

Die Logik der Aufbau- und Ablaufstruktur traditioneller Organisations-formen wird durch die Organisationslogik agiler Frameworks herausgefordert. Das geschieht, wenn Veränderungen in Arbeitsweise oder Führungsorganisation zu Anschlussproblemen in der umgebenden organsationalen Operations- und Steuerungslogik führen. Viele Organisationen transformieren sich deshalb in neue Organisationsformen hinein.

Hintergrundinformation
Folgende Webseiten und Artikel geben einen guten Überblick über
    Scrum: https://bit.ly/3bvh22j
    Kanban: https://bit.ly/2UIQxkf
    Design Thinking: https://bit.ly/2JhuFG4
    OKR: https://bit.ly/2JcGAFg
    SAFe, Spotify, LeSS: https://bit.ly/39fDjPT

Die zentralen Bausteine der agilen Frameworks lassen sich gruppieren in

- Konsequente Nutzer(= Kunden)-orientierung und -erforschung
- Selbstorganisation der Teams und Fokussierung auf kurze Zeitzyklen
- Erhöhte Transparenz der Arbeit
- Erhöhte Reflexivität.

Im folgenden Kapiteln werden psychologischen Effekte mit agilen Frameworks in Verbindung gebracht.

4.1.1.1 Konsequente Nutzerorientierung und Systemdenken

Jedes Produkt, jede Dienstleistung dient einem Kunden. In der Aussage selbst liegt keinerlei Neuigkeitswert, aber die Ausrichtung auf Kundenbedürfnisse und deren Erforschung wurde unter den Bedingungen digitalisierter Märkte zu einer breit anerkannten Notwendigkeit, fast schon einem Paradigmenwechsel. In den agilen Arbeitsmethoden ist die Erschließung des Kundenbedürfnisses zentral und wird über methodische Spielarten wie Persona-Konstruktion oder Interviews bearbeitet. Das Kundenbedürfnis kann sich jederzeit ändern und dies zu erkennen ist Voraussetzung, um dem Kunden ein passendes Produkt liefern zu können. Der Kunde dringt also stark ins Bewusstsein und wird nicht nur mitgedacht, sondern in kurzzyklischen Kommunikationsschleifen in den Arbeitsprozess integriert.

Was hat nun Kundenintegration mit Systemdenken zu tun?

Senge (1994) hat das Systemdenken als die fünfte Disziplin im Aufbau und Betreiben einer Lernenden Organisation beschrieben. Damit hat er die Abkehr vom kausal-linearen Denken hin zum Denken in Zusammenhängen gemeint.

Mit dem Verankern der Kundensicht im Arbeitsprinzip „Hypothesen aufstellen – testen – anpassen" und einem iterativen Vorgehen wird dieses Denken in Kreisläufen forciert. Die Resonanz des Kunden auf den jeweiligen Arbeitsoutput wird als neuer Informationsinput direkt weiterverarbeitet. In konsequenter Betrachtung umfasst das Systemdenken das Wahrnehmen von vielerlei Zusammenhängen, in denen das Kundenbedürfnis nur ein Element darstellt. Es ist allerdings eines, das in der Komplexität vieler Möglichkeiten eine Orientierungs- und Taktgeberfunktion hat.

4.1.1.2 Selbstorganisation der Teams

Agile Methoden teilen den Teams als Organisationseinheit weitergehende Gestaltungsspielräume zu. Vorgaben aus der Managementebene sollen nur zu bestimmten Zeitpunkten in die Gestaltung einfliessen. Demnach findet Selbstorganisation in der Planung, Arbeitseinsatz, Ausführung und Kontrolle im gesamten Arbeitsfluss statt. Der Arbeitsfluss wird in kurzen Zeitzyklen konzipiert; bei Scrum werden sie beispielsweise Sprint genannt und dauern je nach Auslegeordnung zwischen zwei bis vier Wochen. Innerhalb dieser Zyklen findet eine Fokussierung auf die zu Beginn der Zyklen geplanten Ziele und Aufgaben statt. Durch die Festlegung klar definierter Arbeitspakete für eine gegebene Zeitphase bleibt zwar die Komplexität im Umfeld vorhanden; innerhalb des Teams findet aber für eine festgelegte Zeitdauer dadurch eine Komplexitätsreduktion statt.

Selbstorganisation von Teamarbeit hat historische Vorläufer beginnend mit den 1970er Jahren. Damals wurden im Zuge der Humanisierungswelle in der Arbeitswelt teilautonome Arbeitsgruppen vorwiegend in der Automobilproduktion eingerichtet. Statt fremdgeplanter, hochsegmentierter und repetitiver Fliessbandarbeit wurden nun Teams mit der Disposition und Organisation ihrer Arbeit betraut. Die Erfolge der teilautonomen Teams waren hoch, sowohl hinsichtlich ihrer Produktivität als auch ihrer Arbeitszufriedenheit (Antoni 1996). Aus verschiedenen Gründen setzte sich diese Organisationsform, die im kollektivistisch orientierten Japan ihren Ursprung hatte, nicht durch. Heute stellt die selbstorganisierte Teamarbeit nach dem Vorbild der agilen amerikanischen Softwareentwicklungsbranche eine neue Welle in einer Arbeitswelt dar. Sie verspricht aus arbeitspsychologischer Perspektive ein hohes Zufriedenheitspotenzial, wenn Autonomie in der Arbeit, Feedback über die Leistung, nicht zuletzt vom Kunden und erlebte Bedeutsamkeit der Aufgaben tatsächlich realisiert werden können (Hackman und Oldham 1980).

4.1.1.3 Erhöhte Transparenz der Arbeit

Arbeitsmittel wie Kanban-Boards und Aktivitäten wie Teamsitzungen zur Abstimmung individueller Arbeitsfortschritte erhöhen die Transparenz in der Arbeit. Gleiches gilt für die Offenlegung der Ziele im OKR-System. Erhöhte Transparenz bedeutet erhöhte bzw. erweiterte Verfügbarkeit von Informationen, womit man eigene Handlungsoptionen besser auf den Kontext abstimmen kann. Sie bedeutet aber auch erhöhte Sichtbarkeit der Einzelperson mit ihren Beiträgen: Durch digitale und analoge Tools (digitale Kanban-Boards oder Post-it's an den Wänden) sind alle Aufgaben für alle Teammitglieder jederzeit kenntlich gemacht, die individuellen Beiträge werden klar verortet, der Fortschritt wird im Kollektiv berichtet.

Aus sozialpsychologischer Sicht ist die individuelle Verantwortungsverortung sinnvoll: Kontraproduktive Gruppenphänomene wie Social Loafing (den eigenen Leistungsbeitrag zurückfahren, wenn er nicht gut identifizierbar ist) und in der Folge das Suckering (den eigenen Einsatz zurücknehmen, wenn andere das tun) treten seltener auf, wenn der individuelle Beitrag zur Gruppenleistung identifizierbar ist (Latané et al. 1979).

Auf individueller Ebene kann ein solcher Arbeitskontext auch als stresserzeugend erlebt werden. Die koordinierende Kommunikation im Team erfordert eine hohe Einbindung, die für Menschen mit einer Präferenz für Einzelarbeitskontexte unattraktiv sein kann. Sie erzeugt außerdem eine hohe Sichtbarkeit, die auch als Ablegen von Rechenschaft darüber verstanden werden kann, was nun warum nicht erledigt wurde (Boes et al. 2018, S. 200).

Wie kann man also unter diesen kollektiv angelegten Leistungsbedingungen eine Atmosphäre schaffen, in der man Sichtbarkeit aushält und sich angesichts potenzieller Schwächen und Fehler sicher fühlen kann? Das nächste Kapitel bietet eine mögliche Antwort darauf.

4.1.1.3.1 Psychologische Sicherheit als Erfolgsfaktor

Psychologische Sicherheit ist ein Konstrukt, das bereits von Schein (1985) beschrieben und später von Edmondson (1999) mit Teamlernen in Zusammenhang gebracht wurde.

▶ Psychologische Sicherheit ist die von den Mitgliedern eines Teams geteilte Überzeugung, dass das Team ein sicherer Ort ist, in dem man interpersonelle Risiken auf sich nehmen kann (Edmondson 1999).

In einem Team mit psychologischer Sicherheit würde man sich trauen, unperfekt zu sein. Man würde das Sichtbarwerden von Fehlern nicht befürchten und das Bedürfnis, in Ordnung („alright") zu sein, würde keiner Informationsweitergabe im Wege stehen.

Die Sorge vor Gesichtsverlust angesichts vermeintlicher Schwächen hingegen kann zu defensiven Verhaltensmustern führen. Argyris (1986) bezeichnet unter anderem Schweigen, Themenwechsel, Rückzug oder Gegenangriff angesichts potenzieller Blossstellung als mögliche Ausprägungen dieser defensiven Routinen. Eine solche Team- oder Organisationskultur schützt zwar präventiv den Einzelnen, zahlt aber dafür den Preis des Nicht-Lernens. Lernen hat zur Voraussetzung, dass Daten frei gesammelt und geteilt und so Schlussfolgerungen gezogen werden können, die zu neuen Erkenntnissen führen. Damit solches Lernen stattfinden kann, ist ein Gefühl der Sicherheit Voraussetzung. Psychologische Sicherheit beschreibt dieses Klima, in welchem folgende Punkte erfüllt sind:

- Man sollte sein Verständnis der Aufgabe oder des Kontextes offenlegen können, auch wenn darin Lücken erkennbar werden.
- Man kann andere nach Feedback fragen, ohne Angst vor vernichtender Rückmeldung zu haben.
- Man kann nach Informationen oder Unterstützung fragen, ohne sich dabei schwach zu fühlen.
- Es ist erlaubt und gewünscht Annahmen zu hinterfragen.
- Man soll Informationen mitteilen, die ihrerseits Schwächen oder Fehler sichtbar werden lassen.

Sie steht im Zusammenhang mit grundsätzlichen Lernprozessen in Teams (Edmondson und Lei 2014): Teamlernen findet in großem Maße statt und der Aufbau von Teamexpertise – dem Sichtbarmachen und Teilen von individuellem Wissen – scheint mit zunehmender psychologischer Sicherheit zu wachsen (Grimmel 2017).

Die Prinzipien, die dem agilen Mindset zugeordnet werden, namentlich die Offenheit für Feedback und Kritik, für Lernen und für Fehler unterstützen das Herausbilden psychologischer Sicherheit. Denn wenn man seinen Kooperationspartnern positive Absichten auch beim Übermitteln kritischer Rückmeldungen unterstellt, müssen sie nicht abgewehrt werden, sondern können als wichtige Information für neue, bessere Lösungen verwendet werden (Edmondson 1999, S. 371).

▷ Was ein Team mit hoher psychologischer Sicherheit agil macht, ist einerseits die eingesparte Zeit und Energie für Abwehrmanöver und andererseits die breitere Informationsbasis, die zur Nutzung für bessere Lösungen zur Verfügung steht.

▷ **Tipp**
Die psychologische Sicherheit im Team wird mit folgenden 7 Fragen auf einer 5 Punkt-Skala erhoben (Edmondson 1999, eigene Übersetzung):

1. Wenn Sie in diesem Team einen Fehler machen, wird Ihnen das oft vorgeworfen.
2. Die Mitglieder dieses Teams sind in der Lage, Probleme und schwierige Themen anzusprechen.
3. Menschen in diesem Team lehnen andere manchmal ab, weil sie anders sind.
4. Es ist sicher, in diesem Team ein Risiko einzugehen.
5. Es ist schwierig, andere Mitglieder dieses Teams um Hilfe zu bitten.
6. Niemand in diesem Team würde absichtlich in einer Weise handeln, die meine Bemühungen untergräbt.
7. Bei der Arbeit mit Mitgliedern dieses Teams werden meine einzigartigen Fähigkeiten und Talente geschätzt und genutzt.

4.1.1.4 Erhöhte Reflexivität

Um als Team effektiv zu sein, muss man seine Aufgabe erfüllen. Jede Teameffektivität bemisst sich also an dieser aufgabenbezogenen Dimension. Zur Teameffektivität gehört aber auch die soziale Dimension, denn man muss auf eine

Weise zusammenarbeiten, die das Wohlbefinden des Einzelnen und das Überleben des Teams als Ganzes sicherstellt (Majkovic et al. 2019; West 2012, S. 7).

Was macht nun ein Team erfolgreich? Bekannte Komponenten sind: Klare Teamziele, eine Aufgabe, die tatsächlich Teamarbeit erfordert und nicht etwa in paralleler Einzelarbeit besser bearbeitet werden kann, Personen mit den richtigen Fähigkeiten in den richtigen Rollen, konstruktive Teamarbeitshaltungen, gute Einbettung in einem unterstützenden Umfeld und motivierende Führung in welchen Rollen auch immer. Was nun noch fehlt, um die relevanten Veränderungen im Umfeld aufzugreifen und flexibel beantworten zu können, ist die Teamreflexivität. Sie zählt ebenfalls zu den Erfolgsfaktoren effektiver Teamarbeit und gliedert sich in die erwähnte aufgabenbezogene und die soziale Dimension (West 2012).

In der aufgabenbezogenen Reflexion fragt sich das Team in angemessenen Zeiträumen

- wie effektiv es zusammenarbeitet
- wie Zielsetzungen erreicht und ob sie verändert werden müssen
- wie gut Informationen weitergegeben werden
- wie gut Entscheidungen getroffen werden

In der sozialen Reflexion fragt sich das Team

- wie gut man sich in schwierigen Zeiten unterstützt
- wie unterstützend das Team in stressigen Phasen miteinander umgeht
- wie sehr man sich gegenseitig neue Fähigkeiten beibringt
- wie freundlich man miteinander ist
- wie schnell Auseinandersetzungen gelöst werden können (vgl. West 2012, S. 11)

Reflexivität dient also der Anpassungsfähigkeit an die Umwelt und für dem Wohlbefinden. Reflexive Räume werden auch bei (Laloux 2014, S. 154) in seinem Entwurf neuer Organisationsmodelle erwähnt. Dabei beschreibt er Ansatzpunkte, welche die Arbeit erfüllend und bedeutungsvoll machen. Selbstreflexion stellt für ihn einen Weg zu mehr Ganzheitlichkeit und Bewusstheit in der Arbeit dar. Sie kann auf individueller Ebene in kontemplativen Praktiken wie Yoga oder Meditation stattfinden. Für die kollektive Selbstreflexion werden hingegen Formate wie Supervision oder Großgruppenreflexionen vorgeschlagen. Diese Formate sind so etwas wie sichere Räume, in welchen unweigerlich entstehende

Spannungen in der Zusammenarbeit gelöst und höhere Erkenntnis – Laloux (Laloux 2014, S. 154) spricht hier von Weisheit – erlangt werden kann.

Ein Interviewpartner aus der Fallstudie beschreibt, wie die Wirkung von Reflexion zu persönlicher Erkenntnis führen kann:

Beispiel

Bei Agilität, man macht was, schaut drauf, also dieses „Inspect and Adapt", also mal gucken wie liefs und was kann man besser machen. Das ist ja einerseits prozessual, aber wir erleben jetzt in der jüngeren Vergangenheit auch, dass das stark auf der persönlichen Ebene stattfindet, zumindestens bei mir. Indem ich mich halt auch frage, wie kommen jetzt bestimmte Dinge an? (Zitat aus einem Forschungsinterview). ◄

In Bezug auf die Agilität kann man also erkennen, dass Teamreflexivität innerhalb der agilen Arbeitsmethoden fest verankert ist. Scrum hat Reflexionen als agile Arbeitsmethode zu festgelegten Zeitpunkten als Prozessstandard integriert. Reflektiert wird dabei primär aufgabenbezogen (Reviews) oder sozial (Retrospektiven). Dadurch bleibt der Erfolgsfaktor Reflexivität nicht der bedarfsweisen Eigeninitiative eines Teams/einer Führung überlassen oder wird auf einen jährlichen Rückblick beschränkt, sondern ist ein kurzzyklisch angelegter und festgeschriebener Teil der Methode.

4.2 Agilität auf organisationaler Ebene

Ein häufig beobachtbarere Folgeschritt nach der Einführung agiler Methoden ist die Veränderung der Organisationsmodelle hin zu mehr Selbstorganisation, in der Regel durch Holakratie oder SAFe. Für das Erzeugen von Agilität ist eine entsprechende Kultur sehr wichtig (Majkovic et al. 2019). Organisationen bilden nun aber Kultur immer im Kontext von Struktur und Aufgabe bzw. Strategie heraus. Deshalb ist ein isolierter Wertewandel ohne Anpassung von Strukturen nicht nachhaltig möglich.

Die Frage nach einer förderlichen Kultur für Agilität ist also gleichzeitig auch die Frage nach förderlichen Strukturen. Und diese müssten so angelegt sein, dass sie den Teams und den Einzelpersonen darin erlauben, ihre Stärken möglichst ungehindert zur Geltung bringen zu können.

4.2.1   Kultur und organisationale Agilität

Kultur umfasst Glaubenssätze, die innerhalb eines Systems – sei es eine Organisation oder ein Team – stillschweigend geteilt werden (Schein 1999, S. 27). Sie wirken in der Folge auf der Verhaltensebene, indem sie zu Normen über die richtige Annäherung an Problemlösungen im Aussen und Innen führen. Diese Normen kommen in beobachtbaren Verhaltensweisen zum Ausdruck und bilden sich auch in der Systemstrukturen ab. So zeigt eine individuelle Honorierung guter Leistungen, dass man auf das Individuum als Beitragende*r fokussiert und es als alleinigen oder doch primären Leistungserfolgsproduzenten anerkennt. Eine Teamincentivierung weist auf die Überzeugung hin, dass die Leistung des Individuums als Beitrag zu einer Gesamtleistung in ihr aufgeht und es darauf ankommt.

Wenn also Agilität die Zielgrösse ist, auf die sich die gesamte Organisation hinbewegen soll, dann müssen die in der Kultur gelebten Werte und Normen eine agile Arbeitsweise und agile Prinzipien unterstützen.

Empirische Hinweise auf derartige Normen, die aus der Erhebung einer solchen Zielkultur anhand des Organizational Climate Inventory (OCI) in einem kleinen Kreis agiler Experten stammen, weisen sogenannten konstruktiven Kulturmerkmalen einen hohen Wert zu. Dazu zählen Ziel- und Leistungsorientierung, Begeisterung, Kreativität, Selbstverwirklichung in der Arbeit und ein personenzentrierter, menschlicher, unterstützender und offener Umgang miteinander (Gannod et al. 2019).

Die Fehlerkultur und die Vertrauenskultur lassen sich darüber hinaus aus den Agilitätsdebatten hervorheben und werden in den folgenden Kapitel genauer erläutert.

4.2.1.1 Fehlerkultur, Vertrauenskultur und Lernkultur

Es ist eine banale Schlussfolgerung, dass Fehler beim kurzzyklischen und explizit mit Hypothesentestung operierenden Vorgehen aus dem agilen Methodenkreis stattfinden dürfen. Argyris (1986) hat darauf hingewiesen, wie mühevoll und energieaufwendig die defensiven Routinen sind, mit denen wir in der herkömmlichen Organisationslogik Schwächen verdecken, um nicht als fragwürdig, schwach, inkompetent oder dumm zu gelten. Solche defensiven Routinen bewirken zuverlässig Lernblockaden, da die wertvolle Reflexion mit dem Ziel des Erkenntnisgewinns aus dem Fehler ja nicht stattfindet. Daher müssen die Lern-, Vertrauens- und Fehlerkultur als ineinandergreifend verstanden werden. Folgende Ansatzpunkte gibt es:

4.2.1.1.1 Kommunikationsformate

Auf organisationaler Ebene können Veranstaltungen, die kollektive Lernbilanzen oder Lerngeschichten zum Gegenstand haben, ebenso als Beispiele dienen wie die bekannten „Fuck-up" Formate, in denen Fehlergeschichten durch das Teilen salonfähig und lernträchtig gemacht werden. Dabei wird stark auf das Lernen von Modellen gesetzt, deren Erzählung der Bereitschaft für eigene entsprechende Lernerfahrungen den Boden bereiten soll.

Dabei ist eine Warnung angebracht: Formate, die mit absehbaren Botschaften gefüllt werden, können auf Widerstand stossen, wenn sie als inszeniert und nicht authentisch erlebt werden. Solche Veranstaltungen authentisch zu gestalten ist daher eine Herausforderung.

4.2.1.1.2 Interpersonelle Reaktionsroutinen

Wenn Fehler auftreten und berichtet werden, sei es im Team, sei es in der traditionellen Hierarchie der vorgesetzten Person, können Humor oder zumindest Gelassenheit hilfreiche Reaktionen sein, die dem Gefühl von Scham entgegentreten können.

Auf welche Weise und wie detailliert die Fehleranalyse ausgestaltet wird, dürfte sich unterscheiden zwischen technischen und sozialen Aufgabenstellungen. Bei technischen Fehlern wird die detaillierte Analyse ein unverzichtbarer Bestandteil sein; bei sozialen Aufgabenstellungen wird eine weniger akribische Fehleranalyse und eine schnellere Fokussierung auf verbleibende Handlungsoptionen erfolgversprechend sein.

Einen Lösungsvorschlag zu haben, der auf einen Fehler folgt, gilt jedenfalls als Kennzeichen adaptiver Agilität (Doeze Jager-van Vliet et al. 2019).

4.2.1.1.3 Lernräume, Lernressourcen, Lernformate

Eine Agilität positiv beeinflussende Lernkultur zeichnet sich durch die Offenheit gegenüber Lernen, dem Teilen von Wissen und einer allgemein offenen Haltung aus (Alavi et al. 2014).

Eine Möglichkeit diese Haltungen zu leben bietet sich in Lernangeboten und -räumen, die analog und virtuell zur Verfügung stehen. Lernformate, die soziales und informelles Lernen stärken und zur Wissensteilung innerhalb einer Organisation stattfinden können, sind z. B.

Brown Bag Lunches: gemeinsame Mittagspausen mit Kurzreferaten.

Peer-to-Peer Mentoring: eine Kolleg*in unterstützt die andere beratend in Problemlösung und Zielerreichung in arbeitsbezogenen Anliegen, z. T. in konkreten Anwendungssituationen und gibt so ihr Know-How weiter.

Shadowing: ein Peer oder Coach begleitet eine Person schweigend wie ein Schatten durch zuvor definierte Situationen im Arbeitsalltag, beobachten deren Verhalten und geben dazu Rückmeldung.

Erfahrungsaustauschgruppen: themenorientiert oder funktionsorientiert zusammengesetzte Gruppen, die Erfahrungen austauschen und so Wissen teilen.

Work Out Loud – Gruppen: eine kleine Gruppe von Personen formiert sich innerhalb oder ausserhalb der Organisation für 12 Wochen, um über Fortschritte in anfangs gesetzten Arbeits – oder Lernzielen einmal pro Woche zu berichten und dabei jeweils von der Unterstützung und den Ideen der Anderen zu profitieren.

Auf technischer Ebene können Plattformen für das Teilen von Wissen als Beispiel dienen.

Eine Lernkultur zeichnet sich auch dadurch aus, dass man sich als Lernender zeigen darf. Hier können Fokuspersonen im Unternehmen Modellcharakter haben, wenn sie einen Teil ihrer Arbeitszeit sichtbar in Lernformaten verbringen.

4.2.1.2 Stärkenkultur

In Anlehnung an die Positive Psychologie und das Konzept der Charakterstärken Abschn. 3.4.1 wollen wir hier auf Beispiele bewusster Stärkenfokussierung in der Leistungssteuerung hinweisen.

Unter dem Konzept des Job-Crafting Abschn. 3.5.3 findet sich der Ansatz, individuelle Stärken als gegeben zu setzen und den Arbeitseinsatz möglichst bewusst darauf aufzubauen. Ein weiteres Beispiel auf Instrumentenebene ist das Feedforward-Interview, das eingesetzt werden kann, um den Mitarbeitenden zu helfen, ihre Stärken zu erkennen und bewusst in ihre Arbeit einfliessen zu lassen (Werkmann-Karcher 2019).

4.2.2 Struktur und organisationale Agilität

Organisationsstrukturen und Organisationsgrenzen beeinflussen organisationale Agilität stark. Im folgenden Kapitel werden deren Kernpunkte beschrieben.

4.2.2.1 Grösse der Organisation als Agilitätsverhinderer

Große Organisationseinheiten werden mit der Problematik der Entscheidungs-koordination in Verbindung gebracht und mit langsamen Prozessen und isoliertem Silo-Denken assoziiert. Organisationen, die nicht in der Lage sind, ihre Strukturen schnell anzupassen, um sich optimal auf immer wieder neue Aufgaben auszurichten, sind nicht flexibel. Die Lösung für diese Problematik wird im Aufbrechen großer Bereiche gesucht, die ersetzt werden durch kleine und selbst-organisierte Teameinheiten.

Die Grösse der Organisationseinheit tritt im Interview mit einem Interview-partner bei der Frage nach einem Beispiel für fehlende Agilität in Erscheinung:

Beispiel

Wir haben in meinem Team jetzt eine sehr lange und für mich schmerzhafte Umstellung hinter uns. (…)Ich bin in einem Team von ungefähr 35 Leuten und wir haben die Verantwortung für ein Teilprodukt und da sind wir auf eine sehr unagile Weise vorgegangen. Wir sind da Projekt mässig vorgegangen, es gab eigentlich wenige von den Merkmalen die man als agil bezeichnen würde oder die agil sind. Das hat immer schlechter funktioniert, jetzt sind wir daran das umzustellen. Wir etablieren jetzt Product Teams, die sollen voll funktional sein, die kriegen eine klein zugeschnittene Verantwortung. Da haben es das Mandat, das was in ihre Verantwortung liegt agil weiterzuentwickeln. (…) Ich würde sagen, das lag an der Teamgrösse. Es begann mit einem kleinen agilen Team und wurde immer grösser und hat sich nicht zum richtigen Zeitpunkt geteilt. Es wurde so groß, dass eine agile Arbeitsweise nicht mehr möglich war und wir haben das zu spät erkannt. Ich würde sagen Agilität ist aber eine gewissen Teamgrösse nicht mehr möglich ◄

4.2.2.2 Zentrale und hierarchische Steuerungs- und Entscheidungsstrukturen als Agilitätsverhinderer

Traditionelle Hierarchien mit einer Phalanx von Führungskräften werden mit Entscheidungsallokation an der Spitze der Organisationspyramide assoziiert. Zentralisierte Entscheidungen führen zu verlangsamten Entscheidungsfällungen, was wiederum demotivierend auf Mitarbeitende und Teams wirken kann (z. B. Alavi et al. 2014).

Als Lösung dieser Probleme werden Modelle zur Selbstorganisation auf Team-ebene und zur Selbstführung auf individueller Ebene vorgeschlagen. Steuerung und Entscheidungen werden auf kleine Systemeinheiten zurückgeführt. Dadurch soll sich die Latenzzeit zwischen der Wahrnehmung von Veränderungen im

Umfeld und der darauf angepassten Antwort verkürzen und die Unsicherheit in der Einschätzung der Zukunft verringert werden.

Mit der Selbstorganisation geht nun aber die neue Herausforderung einer, innerhalb agiler Strukturen ein sinnvolles Maß und eine sinnvolle Modalität der Koordination zwischen multiplen Entscheidenden über die Entscheidungen und deren Revisionen zu finden.

4.2.2.3 Agilitätsfördernde Strukturen und Praktiken

Zu den fördernden Strukturen für Agilität und Praktiken aus einer stärker betriebswirtschaftlich eingenommenen Perspektive zählen die folgenden (Hopp und Van Oyen 2004; Nijssen und Paauwe 2012):

Anpassungsfähige Infrastruktur Eine flache Hierarchie, wenig formale Autorität und damit möglichst dezentrale Entscheidungsfällung fördern Agilität in Organisationen. Eine niedrige Standardisierung und stattdessen vermehrte Koordination durch informelle Kommunikation erleichtern es, situativ die passenden Wege der Koordination zu wählen.

Flexible Belegschaft Einen Personalkörper, der sich in seiner Quantität den Organisationsbedürfnissen anpassen kann, erreicht man beispielsweise durch flexible Arbeitszeitmodelle und Outsourcing von Arbeit. Diese Instrumente allerdings sind nur dann ohne Nebenwirkungen, solange sich zeitliche und räumliche Flexibilisierungsangebote der Organisation hinreichend mit den individuellen Interessen und Bedürfnissen der Mitarbeitenden decken. Zur qualitativen Anpassung des Personalkörpers an die Organisationsbedürfnisse trägt die Verbreiterung der Fähigkeiten einzelner Mitarbeitenden durch Trainings und Job-Rotation bei, da so der Spielraum an Einsatzmöglichkeiten vergrössert wird.

Schnelles organisationales Lernen Organisationale Lernfähigkeit beginnt mit der Beobachtung der Umgebung, dem Blick nach aussen und der Sammlung relevanter Informationen, um Veränderungen frühzeitig wahrzunehmen und sich damit auseinandersetzen zu können (Baitsch und Wetzel 2008). Organisationales Lernen erfordert weiter das Experimentieren mit Neuem, das Teilen von Erkenntnissen und Wissen und das Dokumentieren, das Wissen breit zugänglich macht.

Incentivierung Wenn Teamarbeit Bedeutung hat, sollte die Incentivierung zumindest in Teilen teambasiert stattfinden. Reine Incentivierung von Individualleistungen setzt einen Anreiz, auf individuelle Zielsetzung zu fokussieren und teamdienliche Beiträge wie z. B. das Teilen von Wissen nicht hoch zu priorisieren. Umgekehrt kann eine rein teambasierte Incentivierung unbefriedigend wirken, wenn z. B. die wahrgenommenen Einzelbeiträge zu unterschiedlich sind und so das Gerechtigkeitsempfinden verletzt wird.

Fazit

Agilität in Teams ist gekennzeichnet durch eine konsequente Nutzerorientierung, erhöhte Selbstorganisation und kürzere Zeitzyklen, in denen Arbeit organisiert wird. Charakterisierend ist auch eine erhöhte Transparenz in der Arbeit und eine stärkere Reflexivität. Unter diesen Rahmenbedingungen gilt die psychologische Sicherheit im Team als erstrebenswerte Zielgrösse. Auf organisationaler Ebene wurde die Etablierung einer Vertrauens- und Lernkultur und dafür mögliche Formate skizziert. Agilitätsfordernde Strukturen sind flach, wenig standardisiert in den Prozessen und dezentralisiert in der Entscheidungsfällung. Ihre Incentivierung ist auf Teams oder grössere Einheiten ausgerichtet.

In der Logik der traditionellen Psychologie müsste zur Bestimmung von Lernpfaden mithilfe einer möglichst zuverlässigen Diagnostik zunächst die Ausgangslage bestimmt werden. Individuen und Teams stehen an sehr unterschiedlichen Stellen, wenn es um ihre Agilität geht. Je nach Ausgangslage würde man die jeweiligen Entwicklungspfade mit Blick auf ein Ziel festlegen, anschließend das Delta ermitteln und möglichst effektive Maßnahmen ableiten, um dem entgegenzuwirken.

Ein solches Vorgehen bei Individuen und Teams kann sich als problematisch erweisen. Einerseits stehen noch keine zuverlässigen Diagnostiken zur Verfügung, welche in der Lage wären Agilität zu messen. Weiter lässt sich ein Zielzustand nicht ohne Weiteres definieren, denn das Ziel entspricht vielmehr einem „moving target" als einem stabilen und fixierbaren Zustand. Eine beobachtbare Form der Agilität von Einzelpersonen und Teams zu operationalisieren ist derzeit kaum möglich. Es sind höchstens die Folgen von Agilität in Form von bestimmten Verhaltensweisen zu beobachten. Schließlich verstehen wir die Erhaltung oder den Ausbau von Agilität einerseits als Gegenstand von kontinuierlichem Training im Sinne einer allgemeinen Fitness, andererseits als „Entropieverzögerung" Abschn. 5.1.3. Es existiert kein linear steuerbarer oder herstellbarer Output.

5.1 Was ist Lernen?

Der Begriff „Lernen" wird als solcher in der Regel sehr vielfältig verwendet. Er löst bei Menschen unterschiedliche emotionale Reaktionen aus, je nachdem, welche Erfahrungen sie mit Lernen gemacht haben. Lernen ist dabei nicht

© Springer Fachmedien Wiesbaden GmbH, ein Teil von Springer Nature 2020
M. Zirkler und B. Werkmann-Karcher, *Psychologie der Agilität,* essentials,
https://doi.org/10.1007/978-3-658-30357-0_5

zwingend immer etwas Positives. Es ist uns wichtig zu betonen, dass wir Lernen nicht als Selbstzweck verstanden haben möchten, nach dem Motto: „je mehr desto besser", sondern Lernen hier pragmatisch aufgefasst werden soll.

▶ **Definition** Lernen bezeichnet die Veränderungsfähigkeit eines Systems auf Veränderungen in seinen Relationen zur Umwelt. Ziel des Lernprozesses ist es, das Fließgewicht der internen Operationen laufend so weit zu stabilisieren, dass das System überlebt. Je lernfähiger ein System ist, desto leichter fällt es ihm in sich verändernden Kontexten und Bedingungen zu überleben.

Ein System kann dabei ein Individuum sein, aber auch eine „Art" (Biologie) oder ein „Team", eine „Organisation" oder „Gesellschaft" (Kultur), sodass das Lernen evolutiv und über Individuen hinweg verstanden werden muss.

5.1.1 Lernen 1. und 2. Ordnung

Auf der Basis wichtiger Vorarbeiten (Bateson 1987; Whitehead und Russell 1999) haben Watzlawick und Kollegen (Watzlawick 2013) in ihrem Buch „Lösungen" die Unterscheidung von zwei logischen Ebenen für ein breites Publikum eingeführt und bekannt gemacht. Diese Unterscheidung ist u. a. nützlich für die Moderationsrolle (Zirkler und Raschèr 2014), um auf unterschiedlichen Ebenen für Ordnung sorgen zu können. Mittlerweile ist sie in breiten Kreisen eingeführt, wenn auch nicht immer verstanden.

Beispiel

Während einer der im 19. Jahrhundert häufigen Unruhen in Paris erhielt der Kommandant einer Gardeabteilung den Befehl, einen Platz durch Gebrauch der Schusswaffe von der dort demonstrierenden *canaille* zu räumen. Er befahl seinen Leuten, durchzuladen und die Gewehre auf die Demonstranten anzuschlagen. Während die Menge vor Entsetzen erstarrte, zog er seinen Säbel und rief mit schallender Stimme: „Mesdames, m'sieurs, ich habe den Befehl, auf die canaille zu schiessen. Da ich vor mir aber eine große Anzahl ehrenwerter Bürger sehe, bitte ich sie, wegzugehen, damit ich ungehindert auf die canaille feuern kann." Der Platz war in wenigen Minuten leer (Watzlawick 2013, S. 103). ◀

Die Verwandtschaft zu dem Konzept Assimilation und Akkommodation Abschn. 5.2.1, liegt auf der Hand. Wir werden der Unterscheidung von 1. und 2. Ordnung bei der Auseinandersetzung mit den Lernwegen mehrfach begegnen.

Agilität zeichnet sich mit Blick auf Lernen dadurch aus, dass die Frage von „Gas geben" und „Gang wechseln" laufend möglichst reibungslos gelöst werden sollte. Lernen ist also selbst Gegenstand von Agilität. Und wir sehen an dem Beispiel auch, dass eine so verstandene Agilität, Raum für Individuelles lässt: es gibt Menschen, die fahren aus Prinzip untertourig, solche, die aus Faulheit spät in den nächsten Gang schalten oder jene, die es geniessen, die volle Drehzahl des Motors auszunutzen. Wir sprechen hier also von verschiedenen Fahrstilen, entsprechend spricht man beim Lernen von verschiedenen Lernstilen. Sowohl Fahrstile als auch Lernstile können sich über die Zeit verändern, sie sind also Ergebnisse von Lern- oder Anpassungsprozessen.

Wenn wir diese Perspektive akzeptieren, lässt sich schließen, dass das Lernen von Agilität (und dazu gehört das Beibehalten genauso, wie das Steigern oder der Abbau von Agilität) nur mit Hilfe von Lernprozessen 1. und 2. Ordnung zu bewerkstelligen ist.

5.1.2 Lernen und Kontext

Agilität muss auch im Kontext betrachtet werden, gerade wenn es um die Zeitperspektive geht: Die Agilität der Schnecke kann zwar prinzipiell, aber nicht unmittelbar mit der Agilität des Hasen verglichen werden. Die Schnecke kann in ihrer Welt durchaus agil sein, wenn man ihren spezifischen (zeitlichen) Kontext berücksichtig. Dasselbe gilt entsprechend für den Hasen.

Insofern ist es auch in der Arbeitswelt von großer Bedeutung die Beziehung des Systems, für das Agilität gelten soll, im entsprechenden Kontext zu verstehen. Dies hat unmittelbare Konsequenzen für das Lernen: Es geht nicht (nur) um „doing agile", vielmehr kann „being agile" nur erreicht werden im Bereich des Lernens 2. Ordnung. Die Methoden und Techniken dazu werden wir gleich ausführen.

Agilität kann nicht als Trockenübung erhalten oder erweitert werden, sie ist Gegenstand von Interaktion. Analog dazu das Beispiel einer Fussballmannschaft: Fussball kann nicht alleine trainiert werden, sondern findet in Teamarbeit statt. Das Ziel ist es zwar, auch einzelne Spieler*innen mit ihren individuellen Fähigkeiten, ihrer Kraft, Ausdauer und Technik zu stärken, aber das eigentliche Spiel ist mehr als die Summe der einzelnen Spieler*innen. Gewinnen und Verlieren hängt außerdem wesentlich von der Performance der gegnerischen Mannschaft und von Umweltbedingungen, also vom Kontext ab (Zirkler 2000).

5.1.3   Entropie und Entropieverzögerung

Agilität muss laufend trainiert werden, damit sie aufgebaut wird und erhalten bleibt. Es gibt einige Hinweise darauf, dass Agilität mit dem Lebensalter von Systemen abnimmt, weil die Plastizität und die Anpassungsmöglichkeiten schwinden. Diesen Vorgang der Einschränkung von Potenzial und von Möglichkeiten nennt man Entropie. Der Prozess kann weder aufgehalten, noch rückgängig gemacht, er kann höchstens verzögert werden. Ein Individuum, ein Team oder eine Organisation kann um dem entgegen zu wirken dafür sorgen, dass sie Agilität, solange sie gute Bedingungen dazu haben, in hohem Maße aufbauen und später ein vergleichsweise hohes Niveau halten können. Je weniger am Anfang investiert wird, desto schwieriger wird es später, über ein bestimmtes Maß hinauszukommen.

Das Phänomen der Entropie lässt sich im Alltag bei den Gewohnheiten von alten Menschen beobachten, aber auch bei Unternehmen, welche sich in ihren Erfolgsroutinen eingerichtet haben und Veränderungen an den Märkten nicht mehr wahrnehmen bzw. umsetzen können (Nokia, Kodak). Zur Verzögerung von Entropie sind Programme geeignet, die Fritz Simon gelegentlich als „Antichronifizierungsprogramme" bezeichnet hat. Allerdings – und darauf kommen wir in Kap. 6 zurück, besteht ein Risiko im „Verschleiss" durch Agilität.

5.2   Persönliche Entwicklung

5.2.1   Assimilation und Akkommodation

Bei der persönlichen Entwicklung eines Menschen (Individuation) kann man den zuvor erwähnten pragmatischen Lernbegriff am einfachsten nachvollziehen: Ein Baby lernt in der Interaktion mit den Eltern und seiner Umwelt zunehmend Vorstellungen von dieser Welt aufzubauen und zu verfeinern. Dies läuft nach Jean Piaget im Prozess der Assimilation und Akkommodation ab (Piaget 2009): Erstens werden Beobachtungen in bereits vorhanden Kategorien integriert, zum Beispiel beim Erwerb der Sprache, wo einfache Sätze durch das Lernen von Vokabeln und Begriffen laufend „elaboriert" werden und die Fähigkeit ausbildet wird, sich sehr detailliert und differenziert zu äussern.

Zweitens werden neue Kategorien gebildet, die noch nicht vorhanden waren und die dann als mögliche Schubladen zur Verfügung stehen, um neue Erfahrungen oder Beobachtungen zu assimilieren oder einzuordnen. Beispielsweise ist das der Fall, wenn das Kind lernt, dass nicht alles, was vier Beine hat eine Katze oder ein Hund sein muss, sondern es für die Welt der Tiere weitere Unterscheidungsmöglichkeiten gibt, die als Schubladen für Zuordnungen hilfreich sind.

➤   Akkommodation und Assimilation ist ein dynamischer Prozess und selbst agil. Während die Welt beobachtet und wahrgenommen wird, prüft das Individuum laufend, ob die Beobachtungen in bereits vorhandene Schemata integriert werden können oder die Bildung neuer Kategorien erforderlich ist.

5.2.2   Reflexivität

Reflexivität ist eine einzigartige menschliche Fähigkeit. Es ist die Fähigkeit, sich von aussen zu beobachten und aus diesen Aussenbeobachtungen Schlüsse zu ziehen.

Reflexion findet auch statt, wenn der Prozess von Akkommodation und Assimilation aus der Distanz beobachtet wird. Das ist sehr vereinfacht gesagt der Fall, wenn wir einen Drang verspüren Dinge anders zu machen als bisher, anstatt mit bisherigen Lösungen voranzukommen.

Reflexivität und der Prozess der Reflexion nehmen beim Lernen von Agilität einen Stellenwert ein, der kaum überschätzt werden kann. Ohne Reflexion wird die Steigerung von „being agile" nicht möglich sein, selbst die Chancen auf einen Zuwachs an „doing agile" bleiben limitiert.

5.2.3   Konkrete Lernwege auf individuelle Ebene

Konkrete Lernwege können im Bereich der 1. und 2. Ordnung entwickelt werden. Im Bereich 1. Ordnung sind das die vorhandenen und durchaus bewährten Lernverfahren, die wir bereits kennen. Dazu gehören: Alle „doing-agile Techniken" wie Design Thinking, Scrum, Kanban, aber auch Coaching, Intervision, Mentoring usw., wenn sie darauf abzielen, konkretes Verhalten anzupassen.

Im Bereich der 2. Ordnung sind das Verfahren, die wir noch nicht kennen, die wir erst entdecken oder gar erfinden müssen. Paradigmatisch hierfür steht die Begegnung mit bzw. das sich Einlassen auf fremde Umgebungen, andere Kulturen, Sitten und Weisen, das Leben zu gestalten.

Das Lernen 2. Ordnung findet dort statt, wo wir „erste Male" erleben. Das geht einher mit zum Teil erheblicher emotionaler Verunsicherung und Verstörung.

Deshalb ist dieses Gefühl häufig verbunden mit somatischen Reaktionen (feuchte Hände, erhöhte Atmung usw.). Für das Lernen von „being agile" ist diese Phase ausserhalb des Komforts unerlässlich und aus diesem Grund adressieren die wenigsten traditionellen Ausbildungskurse zur Agilität „being agile", sie verbleiben meistenteils im „doing agile". Es kann durchaus auch über „doing agile" „being agile" gelernt werden, allerdings braucht es sehr viel mehr Zeit und ist mit großen Risiken verbunden.

Wer „being agile" wirklich lernen möchte, muss die eigenen Muster infrage stellen und Verwirrung und Desorientierung erfahren. Viele Menschen vermeiden diesen Zustand und viele Anbieter*innen scheuen sich, ihre Kund*innen den Zumutungen des Lernens 2. Ordnung auszusetzen. Aus traditioneller Sicht ist das geschäftsschädigend. Aus Sicht von new work muss man hier eine klare Absage erteilen: wer „being agile" lernen möchte, wird sich den damit verbundenen Zumutungen aussetzen müssen, und zwar auf allen Seiten derer, die am Lernprozess beteiligt sind, also Anbieter*innen und Kund*innen gleichermaßen.

5.3   Entwicklung von Gruppen und Teams

Gruppen und Teams sind soziale Systeme, in welchen sich mehrere Personen mit einem gemeinsamen Thema beschäftigen. Das können also gleichermaßen Arbeitsteams sein, wie eine Gruppe junger Menschen, die einen Verein ins Leben rufen, um sich für gesunde und nachhaltige Lebensmittel einzusetzen oder eine virtuelle Gruppe von Menschen, die sich für Wikipedia engagieren. Für unseren Zweck hier werden die Begriffe Gruppe und Team synonym verwendet.

Im Abschn. 5.1.2 wurde erläutert, dass das Lernen von „being agile" ohne sozialen Kontext, ohne andere Menschen eigentlich nicht stattfinden kann. Die individuelle Agilität ist eine notwendige aber keine hinreichende Voraussetzung für die Agilität von Gruppen und Teams. Wir lernen nicht nur als Individuen in sozialen Zusammenhängen (Sozialisation), sondern wir lernen in sozialen Konstrukten auch etwas darüber, wie Gruppen und Teams funktionieren. Wir beobachten Machverhältnisse, Führungsansprüche, Konfliktpotenziale und viele weitere Dinge, die in Gruppen und Teams relevant sind. Diese Beobachtungen beziehen wir auf uns selbst als Teil der Gruppe und auf alle anderen, die Teile des Teams sind.

Die soziale Architektur der Gruppe (Redlich 2015) und die entsprechenden gruppendynamischen Prozesse sind kulturabhängig. Die Agilität einer Gruppe indigener Jäger*innen wird andere Merkmale aufweisen als die einer Software-agentur in Berlin. Und sogar die Kulturen von verschiedenen Softwareagenturen in Berlin wird sich unterscheiden, auch wenn die Unterschiede hier nur klein sein mögen.

5.3.1   Spiele, Spielregeln und Regelbrüche

Wenn nun der Fokus auf die Gruppe oder das Team als Einheit gelegt wird, besteht die Notwendigkeit, sich mit den Spielregeln, also den Relationen und Beziehungen der einzelnen Mitglieder, Teilnehmer*innen und Mit-Spieler*innen zu befassen. Dabei beobachtet man in jeder Gruppe übergeordnete Muster, eine Teamkultur und Teamlogik.

Für das Lernen in Gruppen und Teams ist Reflexivität von großer Bedeutung. Die Anlässe für Reflexivität in Gruppen oder Teams sind mit einer Differenz-erfahrung zwischen Assimilation und Akkommodation verbunden. Diese Differenz kommt in Gruppen und Teams häufig als Konflikt zum Vorschein. Sobald Beobachtungen (Äußerungen) Einzelner nicht mehr ausreichend assimiliert werden können und Akkommodation notwendig wird, kommt es zum Konflikt (Ortmann 2003).

Die Agilität einer Gruppe oder eines Teams besteht nun genau darin, mit Differenzerfahrungen sinnvoll, um nicht zu sagen spielerisch umgehen zu können. Agilität auf Gruppen- oder Teamebene bedeutet, dass die Spielregeln flexibel und rasch geprüft und allenfalls angepasst werden können, sodass der Spielraum für die Beteiligten erhalten bleibt. Wir möchten das mit Hilfe von zwei Beispielen veranschaulichen:

Beispiel

Beispiel 1: Aufrechterhaltung der Spielregeln
Ultimate (Freesbee) ist eine Sportart, die ohne Schiedsrichter auskommt und bei der Konflikte (Regelverletzungen) agil gelöst werden können. Es ist wichtig, dass die Spieler*innen rasch zu einer gemeinsamen Deutung der Situation kommen: handelt es sich um einen Regelverstoss oder nicht, wie genau oder wie rigoros ist der Regelbruch usw., sobald die Deutung klar ist, gilt es rasch zu einem Konsens darüber kommen, welche Maßnahmen zu ergreifen sind, um den Regelverstoss zu bestrafen. Die Strafe ist gleichzeitig Tilgung der Schuld und führt dazu, dass das Spiel fortgesetzt werden kann. Es findet eine bestimmte Form von Versöhnung statt, die sozial von hoher

Bedeutung ist (Zirkler 2014). Die Spielregeln selbst werden nicht infrage gestellt, sondern Lösungen innerhalb des Rahmens der Spielregeln gesucht.

Beispiel 2: Anpassung der Spielregeln

Wenn man kleineren Kindern beim Spielen zusieht, wird man häufig beobachten, dass Assimilation und Akkommodation stattfinden, ja regelrecht geübt wird. Zum Beispiel könnte ein Kind in der Gruppe vorschlagen, dass man Verstecken spielt, alle wären davon begeistert und das Spiel beginnt. Das ist möglich, weil Kinder in einem bestimmten Alter gelernt haben, wie Verstecken gespielt wird. Nach einer gewissen Zeit könnte es sein, dass ein anderes Kind sagt, dass der Schrank und die Truhe nicht mehr als Verstecke gelten. Vielleicht gibt es eine kurze Diskussion, warum nur Schrank und Truhe oder einige werden einwenden, dass die ganze Regelveränderung gemein sei. Nach kurzer Zeit werden sich die Kinder normalerweise einigen und nach den neuen Regeln weiterspielen. Die Spielregeln selbst stehen also zur Disposition und werden angepasst. ◄

5.3.2 Reflexivität in Gruppen und Teams

Reflexivität spielt auch auf der Ebene von Gruppen und Teams eine bedeutsame Rolle. Der Fokus der Reflexion liegt hier auf den Beziehungen, Prozessen, Mustern, Spielregeln, Machverhältnissen usw., also auf allen Konzepten, die uns die emergenten Phänomene von sozialen Systemen plausibel erklären. Im Reflexionsprozess erarbeiten wir uns einen mehr oder weniger geteilten Sinn. Gleichzeitig stärken wir die Beziehungen innerhalb der Gruppe oder des Teams, insbesondere, wenn der „sensemaking-Prozess" als produktiv und erfüllend erlebt wird.

Dabei besteht allerdings das Risiko, dass bestimmte Deutungen sich zu Glaubenssätzen verdichten, von denen man kaum noch abrücken kann. Das reduziert zwar die Komplexität für Gruppen und Teams, führt aber zu einer Einschränkung von Agilität und wäre somit kontraproduktiv. Es sind dann besondere Reflexionsanstrengungen nötig, um solche starken Muster gemeinsamer Überzeugungen wieder zu verflüssigen. In der Regel ist dafür eine grössere Krise notwendig, welche die Ernsthaftigkeit der Lage signalisiert.

5.3.3 Konkrete Lernwege für Gruppen und Teams

Die Lernwege für Gruppen und Teams unterscheiden sich von den Lernwegen für Individuen. Für das Lernen auf Gruppen- und Teamebene ist das einzelne Mitglied nicht von zentraler Bedeutung. Ihre individuellen Fähigkeiten und Potenziale spielen durchaus eine Rolle aber sie sind für Gruppen und Teams, notwendige und nicht hinreichenden Bedingungen.

Der Fokus der Lernwege für Gruppen und Teams liegt auf den Beziehungen und Interaktionen, die einen wesentlichen Einfluss auf die Performance haben (Weick 2015).

Im Bereich 1. Ordnung sind die konkreten Lernwege für Gruppen und Teams, herkömmliche Trainings für die Teamentwicklung (inklusive Outdoor-Training), mit dem Fokus auf das Einüben von neuem Verhalten wie zum Beispiel gewaltfreier Kommunikation (Rosenberg 2015), Feedbackgeben, Themenzentrierter Interaktion, Transaktionsanalyse, Soziogramm usw. Es existieren zahllose Ratgeber aus und für die Praxis. Offenbar ist es nicht trivial, selbst auf der Ebene 1. Ordnung zu erwünschtem und dauerhaftem Gruppen- und Teamverhalten zu gelangen. Es scheint so etwas wie soziale Entropie auf Gruppen- und Teamebene zu geben, die dazu führt, dass sich die Strukturen und Prozesse mehr oder weniger rasch aufzulösen beginnen, wenn man nicht laufend etwas für die Kohärenz unternimmt.

Lernwege im Bereich der 2. Ordnung zu entdecken ist äusserst anspruchsvoll. Sie beinhalten hauptsächlich Resonanzräume oder Probebühnen, bei denen die Gruppe selbst Gegenstand der (höheren) Entwicklung ist. Ein Beispiel dafür ist die Forschung zu neuen Kibbutzbewegungen in Israel. Die „Gar'in" verstehen die Gruppe als Gemeinschaft mit eigenem Wert. Ähnliches wurde bei den Untersuchungen indischer Ashrams als mögliche Beispiele für positive Organisationen festgestellt. Die Zugehörigkeit zu einem höheren Sinn war für sie bedeutsamer, als die konkrete Rolle, Position oder Arbeitstätigkeit in einem Team (Allgaier und Matyas 2018; Zirkler 2019a).

Es gilt in diesem Zusammenhang Vorsicht walten zu lassen, bei der Verwendung des Begriffs „purpose", denn auf der Ebene 2. Ordnung müssten wäre eher von „higher purpose" zu sprechen (Zirkler 2019b).

5.4 Konkrete Lernwege aus Sicht der learning agility

Wir nehmen für die Suche nach Lernpfaden das Konzept der „learning agility"
wieder auf. Allerdings greifen wir hier auf die erste und ursprüngliche Fassung
nach Lombardo und Eichinger (Lombardo und Eichinger 2000) zurück. Sie
wurde als zu breit und unspezifisch kritisiert, eignet sie sich jedoch gerade wegen
ihrer Breite gut dafür, Lernwege herzuleiten.

Die Autoren schlagen vier Teilbereiche vor, aus denen sich nach ihrer Auf-
fassung „learning agility" zusammensetzt: People Agility, Results Agility, Mental
Agility und Change Agility.

Eine ausführlichere Beschreibung der Teilbereiche findet sich in Tab. 5.1.

Für jeden dieser Teilbereiche werden im Folgenden einige konkrete Hinweise
für mögliche Lernwege dargestellt.

5.4.1 People Agility

Die Lernwege hin zu „people agility" beginnen zunächst beim Individuum.
Die Lernherausforderungen in diesem Teilbereich sind intensive Prozesse der
(Selbst-)Reflexion und eine hohe Resilienz.

Man ist in der Lage eigene Muster beschreibbar zu machen und Bedeutungen
von Mustern kennenzulernen, Resilienz und Stressfestigkeit auszubilden und
soziale Kompetenzen zu erhöhen. Gerade die sozialen Kompetenzen können
und müssen in der Gruppe oder im Team bearbeitet werden: von der Teamentwicklung bis hin zu allen Maßnahmen zur Verbesserung von Teamkultur.

Auf der Ebene von Gruppen oder Teams sind hier die Lernherausforderungen,
andere Personen in ihren Rollen und Zusammenhängen sehen zu können, ohne
einen reduktionistischen Blick im Sinne von „Freund oder Feind".

5.4.2 Results Agility

Die Lernchancen liegen in diesem Teilbereich vor allem darin, mit gutem Selbst-
management und guter Selbstführung (Furtner 2018), Disziplin, aber heute auch
mit einem Ansatz des „safe enough to try" konkrete Resultate erzielen zu können.
Diese Resultate müssen häufig unter adversen, also schwierigen Bedingungen
erreicht werden. Dazu ist heute auch ein konstruktiver Umgang mit Wider-
sprüchen, Ambivalenzen und „double-binds" wichtig.

Tab. 5.1 Learning Agility – Beschreibung der Teilbereiche. (Lombardo und Eichinger 2000, S. 235; eigene Übersetzung)

	Hoch	Tief
People Agility (Agilität der Menschen)	Menschen, die eine hohe Ausprägung in diesem Faktor mitbringen, kennen sich selbst gut. Sie suchen nach Feedback und reagieren darauf mit persönlichen Veränderungen. In der Interaktion mit anderen werden sie als hilfreich, konstruktiv und offen wahrgenommen. Unter Druck reagieren sie gelassen und sind in der Lage angemessene Lösungen zu erarbeiten	Menschen mit einer tiefen Ausprägung in diesem Faktor, über- oder unterschätzten ihre Fähigkeiten, kennen ihre Grenzen nicht, oder handhaben Situationen falsch, mit denen sie glauben gut umzugehen. Es fehlt ihnen Einsicht bei sich selbst und auch bei anderen. Inflexibilität, Mangel an klaren, ruhigen Interaktionen mit anderen, politischen Fehltritten uvm. kann ihnen bei Veränderungen im Weg stehen
Results Agility (Ergebnis-Agilität)	Menschen, mit hohen Ausprägungen in der Ergebnis-Agilität, können auch unter schwierigen Bedingungen Ergebnisse liefern, hochleistungsfähige Teams aufbauen und Innovationen managen. Sie tun dies durch persönlichen Antrieb und Anpassungsfähigkeit	Menschen mit einer tiefen Ausprägung in der Ergebnis-Agilität haben Mühe in schwierigen Situationen ihre Ziele zu erreichen. Es fehlt ihnen an persönlichem Antrieb oder Präsenz und sie haben Schwierigkeiten, von einer Aufgabe zur nächsten zu wechseln
Mental Agility (Mentale Agilität)	Menschen, mit hohen Ausprägungen in mentaler Agilität, werden von Neuheiten und Komplexität angezogen. Sie vertiefen sich gerne in Probleme und analysieren sie gründlich. Sie sind in der Lage komplexe Zustände zu vereinfachen, zeigen sich klar in der Darstellung von Standpunkten gegenüber anderen und sind gut darin ihr Denken zu erklären	Menschen mit einer tiefen Ausprägung in mentaler Agilität, fühlen sich unwohl in Situationen mit Mehrdeutigkeit und Komplexität. Sie suchen keine relevanten Parallelen, kombinieren nicht Teile von Ideen anderer und suchen auch nicht die Ursache eines Problems. Sie haben Mühe ihren Standpunkt zu erklären

(Fortsetzung)

Tab. 5.1 (Fortsetzung)

	Hoch	Tief
Change Agility (Veränderungsagilität)	Menschen, mit hohen Ausprägungen in Veränderungsagilität, mögen es zu Tüfteln und Dinge zu verändern. Sie werden als neugierig und kreativ wahrgenommen. Sie sind in hohem Maße an Arbeitsverbesserungen und dem Aufbau von Fähigkeiten interessiert	Menschen mit einer tiefen Ausprägung in Veränderungsagilität sind nicht an Neuem Interessiert. Sie fühlen sich nicht wohl bei Experimenten, sei es mit sich selbst oder mit Themen oder Prozessen am Arbeitsplatz

In der Führungsrolle meint dies auch andere dazu ermutigen und zu befähigen gute Leistungen und Resultate zu erreichen. Man gestaltet einen Rahmen, in dem „flourishing and exceeding expectations" (Quinn 2015) möglich werden.

5.4.3   Mental Agility

Im Teilbereich der „mental agility" braucht es idealerweise Neugierde, Offenheit und Interesse. In der systemischen Unterscheidung zwischen problem- und lösungsorientiert geht die Entwicklungsrichtung klar in die Lösungsfokussierung.

Im Bereich der mentalen Agilität braucht es ein hohes Maß an Kreativität und die Fähigkeit, Dinge von mehreren Seiten zu betrachten und mehrfach zu bewerten. Es ist die Fähigkeit zum „reframing" und „out of the box"-Denken. Subhash Sharma spricht in diesem Zusammenhang vom „corporate rishi" mit der Fähigkeit zum Neubetrachten (siehe hierzu auch die Arbeiten von Matthias Varga von Kibed zum „Tetralemma" (Varga von Kibéd 2016).

Menschen und Gruppen/Teams mit hoher „mental agility" fühlen sich mit Komplexität, Vieldeutigkeit usw. wohl. Auf der Ebene von Teams oder Gruppen ist die Erzeugung eines Feldes von Neugierde und Offenheit eine wichtige Voraussetzung für ein Gefühl von „flow" (Csikszentmihalyi 2017). Flow steht in engem Zusammenhang mit Vertrauen, Sicherheit, Anerkennung und Erfolgserlebnissen. Die Lernwege für Gruppen und Teams sind damit klar.

5.4.4   Change Agility

Die Lernwege zur „change agility" geht über die der „mental agility" hinaus. Es geht darum, aus innovativen und interessanten Ideen und Plänen konkrete Veränderungen abzuleiten und umzusetzen. Neugierige Menschen sind am Werk, welche die Leidenschaft für neue Ideen haben, gerne experimentieren und sich gerne in Aktivitäten engagieren, die zu neuen oder erweiterten Fähigkeiten führen.

Wir sehen heute in der Praxis weniger die Herausforderung darin Ideen zu generieren und zu formulieren, sondern eher in der Selektion vielversprechender und die Umsetzung guter Ideen. Der Lernweg für Gruppen und Teams besteht in der „Phronesis" – einen Weg konsequent zu verfolgen und sich nicht laufend von anderen Dingen am Wegesrand ablenken zu lassen.

Hintergrundinformation
Bei Platon und Aristoteles bezeichnet der Begriff der Phronesis die praktische Weisheit, d. h. das Wissen um das in ethischer Hinsicht Gute, Zuträgliche und Angemessene. Während der platonische Sokrates Tugend und Wissen identifiziert, differenziert Aristoteles verschiedene Tugenden, die für jeweils besondere Bereiche zuständig sind. Anders als Techne und Episteme befähigt uns die Phronesis zu Handlungen, die das für uns, bezogen auf das gesamte Leben, Gute und Schlechte betreffen. Im Gegensatz zum allgemein gerichteten Wissen (Episteme) hat es die Phronesis mit dem Einzelnen und Konkreten zu tun; sie führt zur Erkenntnis dessen, was hier und jetzt zu tun ist. Die Phronesis steht in engem Zusammenhang mit den moralischen Tugenden. Blosse Klugheit im Sinne des geschickten und cleveren Umgangs mit den Lebenssituationen ist noch nicht Phronesis.; von Phronesis spricht Aristoteles nur im Kontext einer moralischen Lebensführung, sie betrifft die Erkenntnis des ethischen Richtigen (Metzler Lexikon Philosophie: https://bit.ly/33U7RWp).

Zur Frage von „change" existiert mittlerweile ebenfalls eine nicht mehr überschaubare Menge an wissenschaftlichen und praktischen Veröffentlichungen. Dabei gibt es für alle möglichen Fragestellungen, Zielgruppen, Kontexte usw. Rezepte und Erfolgsgeschichten. Wandel findet laufend statt, jedoch bleibt die gezielte Veränderung von lebenden und sozialen Systemen die große Herausforderung. Der Lernpfad bezieht sich auf die intensive Beschäftigung mit Konzepten von „change" und möglichst vielen eigenen Erfahrungen, die wiederum reflektiert wurden und nicht einfach schubladisieren.

5.5   Nicht-Lernen, Ignoranz und Vergessen

In einer sich laufend weiter vernetzenden Welt mit exponentiell wachsenden Speichern für Informationen ist es längst Realität, dass wir nur noch einen kleinsten Teil der uns zur Verfügung stehenden Information wahrnehmen können. Die Fähigkeit, zu entscheiden, was man wissen und was man nicht wissen will (sic!), obwohl Information potenziell zur Verfügung steht ist eine große Herausforderung.

Je größer der Bereich ist, für den Agilität gelten soll, desto anspruchsvoller wird die Sache. Je mehr Kunden, Lieferanten, Prozesse, Logistik usw. desto schwieriger wird es, dass ein System insgesamt agil bleibt. Und tatsächlich zeigt auch die Alltagserfahrung, dass es großen Organisationen, dabei insbesondere Verwaltungsorganisationen deutlich schwerer fällt agil zu sein als kleinen Start-up-Unternehmen.

Nicht-Lernen und Ignoranz schützen vor Chronifizierung: „Wissen macht dumm oder zumindest lernbehindert" (Simon 2010, S. 157).

> Wenn es gelingt, die Umwelt unverändert zu erfahren, reicht das gegebene Verhaltens- und Unterscheidungsrepertoire aus, um auf alle Eventualitäten reagieren zu können. Was immer auch passiert: Es ist alles schon mal dagewesen. Und auf jede Herausforderung durch Umweltereignisse ist die Antwort schon parat: Das war schon immer so, das haben wir schon immer so gemacht. In der Interaktion zwischen System und Umwelt passiert nichts Neues, nichts stört, es besteht kein Lernbedarf (Simon 2010, S. 157).

Zu viel Wissen kann also schädlich für Agilität sein. Denn sie ist nicht mehr erforderlich, wenn wir von (halbwegs) stabilen Verhältnissen ausgehen bzw. die chronifizierten Muster wiederholen.

Vergessen hilft dabei, Kapazitäten frei zu geben. Das gilt ganz besonders für das Vergessen im Sinne einer Lösung von Selbstbindungen. Viele alte Geschichten von gestern und ihre Verhaltenswirksamkeiten heute hindern uns immer wieder daran, Menschen und Verhältnisse neu zu sehen, sich neu auf sie einzulassen. Die Fähigkeit zu Vergessen oder, wenn wir noch etwas weitergehen wollen, zu verzeihen (Zirkler 2014).

So wird es auch bedeutsam, sich auf jedes Individuum, auf jede Gruppe, auf jedes Team neu einzulassen, wenn es um deren Agilität geht. Denn wenn wir meinen zu wissen, was für diese Menschen jeweils gut und richtig ist, sind wir auf dem besten Wege selbst zu chronifizieren.

Insofern ist jeder Einzelne im selbst aufgefordert agil zu bleiben, die eigenen Muster laufend zu hinterfragen, die Umwelten zu beobachten und Optionen zu entwickeln. One-Size-Fits-All-Lösungen und Standardtrainings werden hier je länger desto weniger nützlich sein.

5.5.1 Antichronifizierungsprogramme

Der Begriff der Antichronifizierung hat seinen Ursprung bei Fritz Simon (Simon 2010) und beschreibt das Gegenstück zur Chronifizierung von Mustern. Unter Chronifizierung verstehen wir dabei Folgendes:

> Chronifizierung bedeutet eine Musterelaborierung, die über Wiederholungen in der Zeit zu einem „Paradigma" verdichtet werden. Wir finden diese Musterverdichtungen zum Beispiel in Form von „best practices" in vielen Bereichen, sie werden dann häufig zu Industriestandards, an dem sich ganze Branchen orientieren. Darüber hinaus können sie sich zu „Gewissheiten" ausbauen, die abweichende Perspektiven ignorieren und sich auf diese Weise selbst immunisieren (Zirkler 2018, S. 4).

Ein weniger bekanntes, aber dafür sehr instruktives Beispiel für Antichronifizierung, ist die Entwicklung vom Parallelstil zur V-Technik beim Skispringen.

Beispiel

Bis 1986 galt der Parallelstil als Standard. Jan Boklöv entdeckte offenbar durch Zufall (oder Missgeschick) während eines Trainings den neuartigen V-Stil, den er mit der Zeit zunehmend verbesserte. Dieser Stil wurde aber zunächst von offizieller Seite abgelehnt aufgrund ästhetischer Vorbehalte. Am Ende setzte er sich dann aber doch aufgrund seiner technischen Überlegenheit rasch durch und gilt heute als neuer Standard. ◄

Antichronifizierung soll dem Prozess der Erstarrung entgegenwirken. Fritz Simon spitzt das mit folgender Formulierung zu: „Chronifizierung zu stören heisst, Krisen zu riskieren" (Simon 2010, S. 83). Idealtypisch kann man Antichronifizierung als Prozess folgendermaßen darstellen:

> Bei der Praxis der Anti-Chronifizierung geht es im Kern darum, dass sich Systeme mit funktionalen neuen Denk-, Erlebens- und Verhaltensoptionen versorgen. Man könnte schlagwortartig auch sagen, es ist ein shift zu organisieren von einer best practice zu einer another functional practice. Dazu müssen elaborierte Muster flexibilisiert sowie Muster, die Chronifizierungsrisiken mitbringen, auf ihre

funktionalen Vor- und Nachteile hin untersucht werden. Dazu ist Aufwand notwendig und man wird damit rechnen müssen, dass zumindest für einige Zeit
das System weniger effizient operiert. Der Aufwand besteht vor allem in der
Beobachtung und Unterscheidung von Mustern, die noch nicht chronifiziert sind
und ein gewisses Mass an Flexibilität aufweisen, chronifizierten Mustern (die ihre
Flexibilität weitgehend eingebüsst haben), die aber noch effizient sind und solchen,
die ihre Effizienz verloren haben oder im Begriff sind diese zu verlieren (akute oder
antizipierter Chronifizierungskrise).

Die oben genannten Unterscheidungen können Systeme selbst häufig nicht mehr
leisten, weil dafür Beobachtungsleistungen 2. Ordnung erforderlich sind, die
viele Systeme nicht ausreichend zur Verfügung stellen können. Sie werden dann
häufig durch verschiedene Formen von Beratung geliefert. Man wird dann in der
Organisationsberatung versuchen sie mit dem Kundensystem in der Auftrags-
klärung so gut wie möglich vorzunehmen oder zumindest die Möglichkeiten der
Differentialdiagnostik dazu erörtern bzw. vereinbaren. Jedoch reichen erfahrungs-
gemäss nur feedbacks aus einer dritten Position heraus häufig nicht aus, um Systeme
zu einer Flexibilisierung von Mustern zu bewegen. (Zirkler 2018, S. 8) (Zitate
aus der deutschen Fassung des Konferenzbeitrages, dessen Endversion jedoch in
Englisch geschrieben ist).

Dazu wurden in unserer postgradualen Weiterbildung im Bereich Changemangement
Interventions- und Lernprogramme entwickelt, bei denen die Teilnehmer*innen ihren
eigenen Chronifizierungen auf die Spur kommen können.

Reflexivität vs. Funktionalität

Reflexivität ist im Zusammenhang von Lernwegen von hoher Bedeutung.
Verhaltensbezogene Erfolgsmuster haben die Tendenz zu chronifizieren,
was erfolgreich funktioniert, wird nachvollziehbarer Weise wiederholt. Das
reduziert (soziale) Komplexität, birgt aber das Risiko Lösungen anzuwenden,
die nicht mehr zu einer veränderten Welt passen. Lernen bedeutet hier im Kern
eine Verflüssigung von Denk-, Fühl- und Handlungsmustern auf den Ebenen 1.
und 2. Ordnung.

Bislang sind wir jedenfalls implizit mehrheitlich davon ausgegangen, dass Agilität eine gute Sache ist, und man könnte der Verführung erliegen anzunehmen, je mehr Agilität ein System besitzt, desto besser. Es ist klar, dass ein System, welches über keinerlei Agilität verfügt nicht lebensfähig ist. Die Frage ist also nicht ob, sondern wie viel und welche Form von Agilität für ein System in seiner Umwelt sinnvoll und nützlich ist. Diese Frage lässt sich jedoch leider nicht prospektiv beantworten, sondern höchstens aus dem Rückblick, wenn man den Erfolg, aber auch das Scheitern eines Systems zu erklären versucht.

Wir machen an dieser Stelle darauf aufmerksam, dass aus systemischer Sicht jede „Lösung" eine Antwort auf vorhergehende „Probleme" darstellt und jede „Lösung" die Voraussetzungen für das nächste „Problem" schafft. Insofern ist auch der Versuch, in der Arbeitswelt zu mehr Agilität zu kommen davon betroffen und wird als „Lösung" zeitlich verzögert und/oder an anderen Stellen „Probleme" erzeugen.

In Zeiten permanenter (sozialer) Beschleunigung (Rosa 2014) und einer Tendenz unter Vernachlässigung ökologischer (kontextueller) Bezüge „die richtigen Dinge richtig zu tun" ist es wichtig, über Risiken und Nebenwirkungen mit Blick auf das Thema Agilität aufzuklären. Eine reduktionistische Herangehensweise stellt die Humanressource in den Vordergrund und wird sie funktionalistisch für die Zwecke der Organisation einsetzen wollen. Damit würde Agilität vor allem zum sachrationalen Mittel der möglichen Steigerung von Effizienz und Effektivität.

Eine hohe Agilität geht, wie wir gesehen haben, mit einer hohen Sensitivität, Beobachtungs- und Handlungsfähigkeit einher. Beides benötigt (psychische bzw. soziale) Energie. Man muss sich klarmachen, dass Agilität, jedenfalls bei lebenden und sozialen Systemen kein passiver Prozess ist. Und es ist kein

© Springer Fachmedien Wiesbaden GmbH, ein Teil von Springer Nature 2020
M. Zirkler und B. Werkmann-Karcher, *Psychologie der Agilität*, essentials,
https://doi.org/10.1007/978-3-658-30357-0_6

mechanischer im Sinne eines Mobiles, das sich in seiner Gesamtkomposition laufend verändert, wenn man einen Teil berührt. Agilität erfordert laterale Energie, d. h. das System muss ausreichend energetisiert sein, um seine laufenden Beobachtungen, Lernprozesse (Entscheidungen) und Aktionen durchführen zu können. Systeme mit hohem Energiebedarf sind jedoch insofern „gefährdet", als der Alterungsprozess in solchen Systemen rascher abläuft. Man kann sich entsprechend Situationen vorstellen, in denen es besser ist, wenn ein System nur eine geringe Agilität aufweist. Etwa der Bär im Winterschlaf, der seine Agilität in einer Umwelt „verschleudern" würde, die eine hohe Wahrscheinlichkeit des Scheiterns beinhaltet, schlicht weil es kaum Nahrung zu finden gibt oder ihre Beschaffung sehr aufwendig wäre.

Aus unseren bisherigen Forschungen wissen wir, dass Qualität und Quantität der Kommunikationsprozesse deutlich zunehmen (müssen), um in Organisationen agil arbeiten zu können. Das hat seinen Preis. Im Folgenden wollen wir auf einige Nebenwirkungen und Risiken eingehen, die die explizite Bearbeitung (in der Regel Erhöhung) von Agilität mit sich bringt. Es versteht sich dabei von selbst, dass die Liste keine abschließende sein kann.

6.1 Risiko Entscheidung

Der Druck in der „Multioptionsgesellschaft" (Gross 2002) Entscheidungen aufzuschieben führt im Extremfall dazu, dass gar nicht mehr entschieden wird. Dies wäre eine falsch verstandene Form von Agilität und eine eigenwillige Form von Prokrastination. Sie führt dazu, dass Individuen und Teams ihre eigenen Entscheidungen treffen müssen bzw. so tun müssen, als ob entschieden worden wäre. Die Folgen sind insbesondere in traditionellen Organisationen fatal und führen zu vielen „double-binds", die Energie und Aufmerksamkeit beanspruchen.

6.2 Risiko Überhitzung

Auf der Ebene des Lernens 2. Ordnung kann es wichtig sein, dass ein System zu unterscheiden lernt, wann es agil operieren muss und wann eine reduzierte Agilität sinnvoll sein kann. Es wird davon ausgegangen, dass ein System nicht über seine gesamte Lebenszeit agil handeln kann, sondern im Sinne der Resilienz (Erholung) auch Zeiten reduzierter Agilität benötigt.

Zur Steuerung von Agilität gehört also auch die Resilienz, die Pause und die Erholung. In Zeiten potenzielle Überhitzung ist dieser Umstand sehr bedeutsam, sowohl für Individuen, wie auch für Teams. Wer Agilität lernen möchte, muss also auch über Formen der Resilienz, Erholung, Erfrischung, „Verjüngung" usw. Bescheid wissen (Rosa 2018). Dieses Wissen bezieht sich auf Individuen und auf Teams, die sich in ihrer Resilienzfähigkeit unterscheiden können. Es gilt gemeinsam herauszufinden, wie das Verhältnis von Agilität und Resilienz für welche Situationen und Umstände aussehen kann und wie beide Bereiche in ihrer Qualität gestaltet werden können.

Die Schwierigkeit besteht darin, den richtigen Zeitpunkt zu erkennen und zu nutzen und wie man in der chinesischen Strategielehre sagen würde, das „Situationspotential" (Jullien 1999, 2020) für sich arbeiten zu lassen.

Ein weiterer Risikoaspekt der Überhitzung besteht in der „Aufrüstung" bzw. einer Aufrüstungsspirale: je mehr Systeme Agilität steigern, desto mehr geraten alle anderen unter Druck, das auch zu tun (siehe hierzu Abschn. 5.5.1).

6.3   Risiko Systemüberforderung

Die meisten Prozesse haben eine Eigenzeitlogik, die sich nicht beliebig verändern lässt. Das bekannteste Beispiel hierfür die die Pflanze, die nicht schneller wächst, wenn man an ihr zieht. Man kann allerdings die Wachstumsbedingungen verbessern (Licht, Nährstoffe, Wasser usw.). Dies kann aber auch zu Überoptimierung führen, wie dies beispielsweise der Fall bei den geschmacklosen Tomaten aus dem Gewächshaus zeigt.

6.4   Risiko Kontextblindheit

Das Risiko der Kontextblindheit (Bateson 2016) beschreibt, dass Teile eines Systems „agilisiert" werden, ohne die Implikationen für ihre Umwelten zu berücksichtigen. Es kann eine Störung des Verhältnisses von System und Umwelt entstehen, die am Ende zur Abkopplung führt. Einige Organisationen haben damit Erfahrungen gemacht, als nur vereinzelt Abteilungen Holacracy einführen wollten und damit die Anschlussfähigkeit zu den restlichen Abteilungen der Organisation riskiert haben (Bauer et al. 2019).

6.5 Risiko Trivialisierung und Generalisierung

Der Markt mit Anbietern verschiedener Couleur, welche Konzepte, Methoden, Trainings usw. zur Verbesserung der Agilität anbieten ist groß. Selbst bei aller Professionalität besteht das Risiko, dass die Probleme, die es zu lösen gilt, auf Techniken der „doing agile" reduziert oder trivialisiert werden. Als Gegenseite dazu besteht auch das Risiko, dass man glaubt, mit Agilitätsphilosophien und angelehnten Praktiken alle aktuellen Herausforderungen lösen zu können.

6.6 Risiko Homogenisierung

Das Risiko der Homogenisierung besteht darin, anzunehmen, alle Organisationen, Teams und Personen müssten auf dieselbe Weise agil werden. Man darf nicht aus den Augen verlieren, dass Teams auch von einer ausreichenden Heterogenität leben. In einem Team muss nicht zwingend jede Person alle Aspekte von Agilität zu jeder Zeit zur Verfügung stellen können. Es sind andere Kompetenzen, wie etwa Kommunikationsfähigkeiten (ehrliches und gutes Feedback), Vertrauen oder Loyalität in den Vordergrund zu stellen.

6.7 Risiko Konfluenz

Konfluenz im Sinne der Gestaltpsychologie (Fitzek 2014) bedeutet Verschmelzung und verweist auf eine fehlende oder mangelnde Abgrenzung gegenüber der Umwelt. Wenn individueller und organisationaler „purpose" zur Deckung kommen, besteht ein Risiko der Verschmelzung (Riemann 2017).

Damit im Zusammenhang stehen alle Fragen der sogenannten „life boundaries" (Warhurst 2008) sowie der „interessierten Selbstgefährdung" (Kaudelka 2013).

6.8 Risiko Eliteprojekt

In der Positiven Psychologie, der wir uns verpflichten fühlen, geht es wesentlich darum, „normale Menschen zu stärken" (Seligman und Csikszentmihalyi 2000). Insofern soll der Ausgangspunkt der vorgelegten Hinweise ein ressourcenorientierter und nicht ein defizitorientierter sein. Agilität kann und darf nicht zum

Eliteprojekt werden, das für einige wenige Menschen gilt (junge urbane Hochschulabsolvent*innen). Agilität ist nicht (nur) ein Mittel zur Lösung arbeitsbezogener Probleme, sondern kann und soll dabei helfen, die Lebensqualität insgesamt zu verbessern. Je offener, flexibler und empathischer eine Person oder eine Gruppe von Menschen an operative oder technische Herausforderungen sowie an andere Menschen herangehen kann, umso erfolgreicher werden die Lösungen am Ende sein.

6.9 Nebenwirkungen

Die beschriebenen Risiken im Zusammenhang von Agilität können zu Nebenwirkungen führen, welche einen gegenteiligen Effekt auslösen: Agilität wird dann nicht verbessert oder erhöht, sondern eingeschränkt.

Es ist eine Eigenart von Nebenwirkungen, dass sie sich häufig zeitlich verzögert oder an anderen Stellen als erwartet zeigen. Wenn Agilität nur als sozialtechnologisches Projekt zur Optimierung von Arbeitsprozessen verstanden wird und nicht „ganzheitlich" im Sinne der Vitalität und Produktivität eines Systems, welche in seinen und mit seinen Umwelten existiert, muss mit Nebenwirkungen gerechnet werden, ohne dass man sie unmittelbar ins Kalkül einbeziehen kann; es bleibt eine Rechnung mit Unbekannten. Umso mehr ist Sorgfalt und Professionalität gefragt, wo menschliche Systeme entwickelt werden sollen.

Schlussbemerkung

Wir haben zu Beginn eine Psychologie der Agilität versprochen und im vorliegenden Band versucht bestehende Konzepte, Perspektiven, Erkenntnisse und Erfahrungen in einen erklärenden Zusammenhang zu stellen. Das vorliegende Essential stellt dabei eine erste Auslegeordnung dar und ist selbstverständlich nicht als abschließendes Werk zu verstehen.

Wir beenden die Arbeiten an diesem Buch am Beginn der vierten Woche einschneidender Maßnahmen von „Kontaktsperren" im Zusammenhang der weltweiten Corona-Pandemie. Auf der einen Seite lässt sich derzeit ein „rasender Stillstand" (Virilio 2015) beobachten, andererseits eine neue Form von Flexibilität und Agilität, welche ohne die starke Kontextveränderung der akuten Krise nicht vorstellbar gewesen wären.

Wir sehen an der derzeitigen Lage eindrücklich, welche Bedeutung der Kontext dafür hat, wie sich Menschen verhalten. Wir sollten entsprechend dafür besorgt sein, dass wir gute, nährende, vitalisierende, (sozial) nachhaltige Kontexte einrichten und pflegen, damit sich Menschen, auch und ganz besonders in Arbeitsprozessen, darin möglichst gut bewegen können.

Es bleibt zu hoffen, dass diejenigen, die gestaltende Verantwortung tragen, sorgfältig und fürsorglich mit den Gestaltungsmitteln wie Agilität umgehen. Aus unserer Sicht sind es nicht die Mittel, an denen es mangelt, sondern die Haltungen und Absichten, mit denen wir sie einsetzen.

Agilität ist Vitalität

Jede „Lösung" bringt Veränderungen mit sich, welche die nächsten „Probleme" vorbereiten und schließlich herbeiführen. Sich mit Agilität als Individuum, aber auch auf der Ebene von Gruppen und Teams zu beschäftigen, Agilität allenfalls

© Springer Fachmedien Wiesbaden GmbH, ein Teil von Springer Nature 2020
M. Zirkler und B. Werkmann-Karcher, *Psychologie der Agilität*, essentials,
https://doi.org/10.1007/978-3-658-30357-0_7

steigern zu wollen, bringt notwendig Risiken und Nebenwirkungen mit sich. Insbesondere das Risiko einer eng gefassten Machbarkeitsidee zu verfallen, die im extremen Fall in blinden Aktionismus münden kann und damit Agilität zum Mittel für ökonomische Zwecke degradiert. Agilität bedeutet Vitalität und mit dieser sollte sorgfältig und fürsorglich umgegangen werden.

Literatur

Alavi, S., Abd. Wahab, D., Muhamad, N., & Arbab Shirani, B. (2014). Organic structure and organisational learning as the main antecedents of workforce agility. *International Journal of Production Research, 52*(21), 6273–6295. https://doi.org/10.1080/00207543. 2014.919420.

Allgaier, V., & Matyas, J. (2018). *Positive organization. A case study on spiritual Ashrams in India* (Unveröffentlichte Bachelorarbeit). Zürcher Hochschule für Angewandte Wissenschaften.

Antoni, C. H. (1996). *Teilautonome Arbeitsgruppen — Ein Königsweg zu mehr Produktivität und einer menschengerechten Arbeit?* Weinheim: Beltz.

Argyris, C. (1986). Reinforcing organizational defensive routines: An unintended human resources activity. *Human Resource Management, 25*(4).

Argyris, C., & Schön, D. A. (2018). *Die lernende Organisation: Grundlagen, Methode, Praxis.* Stuttgart: Schäffer-Poeschel.

Arnold, H. (2016). *Wir sind Chef: Wie eine unsichtbare Revolution Unternehmen verändert.* Freiburg: Haufe.

Baitsch, C., & Wetzel, R. (2008). Organisationale Lernfähigkeit gestalten. Ein Instrumentenvorschlag zur Analyse und Bewertung einer zentralen Unternehmensressource. *Zeitschrift für Organisation und Unternehmensentwicklung, 2,* 79–86.

Bateson, G. (1987). *Steps to an ecology of mind: Collected essays in anthropology, psychiatry, evolution, and epistemology.* Lanham: Aronson.

Bateson, N. (2016). *Small arcs of larger circles.* Bridport: Triachry Press.

Bauer, C., Hohl, E., & Zirkler, M. (2019). Der lange Weg zur Holakratie. *Zeitschrift Organisationsentwicklung, 2*(2019), 37–44.

Beck, U. (2017). *Weltrisikogesellschaft: Auf der Suche nach der verlorenen Sicherheit* (5. Aufl.). Berlin: Suhrkamp.

Bergmann, F. (2004). *Neue Arbeit, Neue Kultur.* Freiburg im Breisgau: Arbor.

Boes, A., Bultemeier, A., Kämpf, T., & Lühr, T. (2016). Arbeitswelt der Zukunft – Zwischen „digitalem Fließband" und neuer Humanisierung. In: L. Schröder & H.-J. Urban (Hrsg.), *Gute Arbeit. Digitale Arbeitswelt -Trends und Anforderungen* (S. 227–240). Frankfurt am Main: Bund.

© Springer Fachmedien Wiesbaden GmbH, ein Teil von Springer Nature 2020   75
M. Zirkler und B. Werkmann-Karcher, *Psychologie der Agilität,* essentials,
https://doi.org/10.1007/978-3-658-30357-0

Boes, A., Kämpf, T., Lühr, T., & Ziegler, A. (2018). Agilität als Chance für einen neuen Anlauf zum demokratischen Unternehmen? *Berliner Journal für Soziologie, 28*(1), 181–208. https://doi.org/10.1007/s11609-018-0367-5.

Csikszentmihalyi, M. (2017). *Flow: Das Geheimnis des Glücks* (2. Aufl.). Stuttgart: Klett-Cotta.

Darkhorse Innovation (2017). Thank god it's Monday!: Wie wir die Arbeitswelt revolutionieren (4. Aufl.). Berlin: Econ.

De Meuse, K. (2017). Learning agility: Its evolution as a psychological construct and its empirical relationship to leader success. *Consulting Psychology Journal: Practice and Research, 69*(4), 267–295. https://doi.org/10.1037/cpb0000100.

De Rue, D. S., Ashford, S. J., & Myers, C. G. (2012). Learning agility: In search of conceptual clarity and theoretical grounding. *Industrial and Organizational Psychology, 5*(3), 258–279. https://doi.org/doi:10.1111/j.1754-9434.2012.01444.x.

Dweck, C. (2016). *Mindset: The new psychology of success.* New York: Ballantine Books.

Edmondson, A. C. (1999). Psychological safety and learning behavior in work teams. *Adminstrative Science Quarterly, 44*(2), 350–383.

Edmondson, A. C., & Lei, Z. (2014). Psychological safety: The history, renaissance, and future of an interpersonal construct. *Annual Review of Organizational Psychology and Organizational Behavior, 1,* 23–43.

Eltawy, N., & Gallear, D. (2017). Leanness and agility: A comparative theoretical view. *Industrial Management & Data Systems, 117*(1), 149–165. https://doi.org/10.1108/IMDS-01-2016-0032.

Esposito, E. (2007). *Die Fiktion der wahrscheinlichen Realität.* Berlin: Suhrkamp.

Fitzek, H. (2014). *Gestaltpsychologie kompakt: Grundlinien einer Psychologie für die Praxis.* Wiesbaden: Springer Fachmedien.

Förster, K., & Wendler, R. (2012). Theorien und Konzepte zu Agilität in Organisationen. In: Die Professoren der Fachgruppe Wirtschaftsinformatik (Hrsg.), *Dresdner Beiträge Zur Wirtschaftsinformatik,* 63/12. Dresden: Technische Universität Dresden. https://nbn-resolving.org/urn:nbn:de:bsz:14-qucosa-129603.

Furtner, M. (2018). *Self-Leadership.* Wiesbaden: Springer Fachmedien.

Gannod, G. C., Eberle, W. F., Talbert, D. A., Cooke, R. A., Hagler, K., Opp, K., & Banija, J. (2019). *Establishing an agile mindset and culture for workforce preparedness: A baseline study.* In: IEEE Frontiers in Educations Conference, San Jose, 3. Oktober 2019.

Gergs, H. J. (2019). Agilität und Organisationsentwicklung—Ziemlich beste Freunde? *Gruppe. Interaktion. Organisation. Zeitschrift für angewandte Organisationspsychologie, 50,* 101–110.

Goldman, S. L. (Hrsg.). (1996). *Agil im Wettbewerb: Die Strategie der virtuellen Organisation zum Nutzen des Kunden.* Berlin: Springer.

Goleman, D. (1995). *Emotional intelligence.* New York: Bantam Books.

Gollwitzer, P. M., Heckhausen, H., & Steller, B. (1990). Deliberative and implemental mind-sets: Cognitive tuning toward congruous thoughts and information. *Journal of Personality and Social Psychology, 59*(6), 1119–1127. https://doi.org/10.1037/0022-3514.59.6.1119.

Grimmel, C. (2017). *The relationship between psychological safety, team learning behavior, team expertise and performance* (Masterarbeit). Universität Zürich.

Gross, P. (2002). *Die Multioptionsgesellschaft* (9. Aufl.). Berlin: Suhrkamp.

Hackman, J. R., & Oldham, G. R. (1980). *Work Redesign (Organization Development)*. Englewood Cliffs: Prentice Hall.

Han, B.-C. (2019). *Vom Verschwinden der Rituale: Eine Topologie der Gegenwart*. Berlin: Ullstein.

Harari, Y. N. (2018). *21 Lektionen für das 21. Jahrhundert*. München: Beck.

Harzer, C., & Ruch, W. (2013). The application of signature character strengths and positive experiences at work. *Journal of Happiness Studies, 14*, 965–983.

Hasebrook, J., Kirmße, S., & Fürst, M. (2019). *Wie Organisationen erfolgreich agil werden: Hinweise zur erfolgreichen Umsetzung in Zusammenarbeit und Strategie*. Wiesbaden: Springer Fachmedien. https://doi.org/10.1007/978-3-658-26810-7.

Hofstede, G. (2017). *Lokales Denken, globales Handeln: Interkulturelle Zusammenarbeit und globales Management* (6. aktualisierte Aufl.). München: dtv.

Hopp, W. J., & Van Oyen, O. P. (2004). Agile workforce evaluation: A framework for cross-training and coordination. *IIE Transactions, 36*(10), 919–940.

Hosein, Z. Z., & Yousefi, A. (2012). The role of emotional intelligence on workforce agility in the workplace. *International Journal of Psychological Studies, 4*(3), 48–61.

Jullien, F. (1999). *Über die Wirksamkeit*. Berlin: Merve-Verlag.

Jullien, F. (2020). *From being to living: A Euro-Chinese lexicon of thought*. Thousand Oaks: Sage Publications.

Kaudelka, K. (2013). *Eigenverantwortlich und leistungsfähig: Das selbständige Individuum in der sich wandelnden Arbeitswelt*. Bielefeld: Transcript.

Kelley, T. (2009). *True purpose*. Berkeley: Transcendent Solutions.

Klaffke, M. (2019). *Gestaltung agiler Arbeitswelten: Innovative Bürokonzepte für das Arbeiten in digitalen Zeiten*. Wiesbaden: Springer Fachmedien. https://doi.org/10.1007/978-3-658-24864-2.

Kolb, A. Y., & Kolb, D. (2009). Experiential learning theory: A dynamic, holistic approach to management learning, education and development. In: S. J. Armstrong & C. V. Fukami (Hrsg.), *The Sage Handbook of Management Education, Learning and Development* (S. 42–68). Thousand Oaks: Sage Publication.

Laloux, F. (2014). *Reinventing organizations: A guide to creating organizations inspired by the next stage of human consciousness*. Fleet: Nelson Parker.

Latané, B., Williams, K. D., & Harkins, S. (1979). Many hands make light the work: The causes and cosequences of social loafing. *Journal of Personality and Social Psychology, 37*(6), 822–832.

Leopold, K. (2018). *Agilität neu denken: Warum agile Teams nichts mit Business-Agilität zu tun haben*. Wien: LEANability.

Lombardo, M. M., & Eichinger, R. W. (2000). High potentials as high learners. *Human Resource Management, 39*, 321–330.

Majkovic, A.-L., Gundrum, E., Benz, S., Dsula, N., & Huber, R. (2019). *Agile Arbeits- und Organisationsformen in der Schweiz. IAP Studie 2019*. Zürich: Institut für Angewandte Psychologie.

Mc Crae, R. R., & Costa, P. T. (2008). The five factor theory of personality. In: *Handbook of personality: Theory and research* (S. 159–181). New York: The Guilford Press.

Miler, J., & Gaida, P. (2019). On the agile mindset of an effective team – An industrial opinion survey. *Proceedings of the Federated Conference on Computer Science and Information Systems*, 841–849.

Muduli, A., & Pandya, G. (2018). Psychological empowerment and workforce agility. *Psychological Studies, 63*(3), 276–285.

Neyer, F. J., & Asendorpf, J. B. (2018). *Psychologie der Persönlichkeit* (6. Aufl.). Berlin: Springer.

Nijssen, M., & Paauwe, J. (2012). HRM in turbulent times: How to achieve organizational agility? *The International Journal of Human Resource Management, 23*(16), 3315–3335.

Ortmann, G. (2003). *Regel und Ausnahme: Paradoxien sozialer Ordnung.* Berlin: Suhrkamp.

Park, N., Peterson, C., & Seligman, M. E. P. (2004). Strengths of character and well-being. *Journal of Social and Clinical Psychology, 23,* 603–619. https://doi.org/10.1521/jscp.23.5.603.50748.

Peterson, C., & Seligman, M. E. P. (2004). *Character strengths and virtues: A handbook and classification.* Washington: American Psychological Association.

Pfister, A., & Müller, P. (2019). Psychologische Grundlagen des agilen Arbeitens. In: C. Negri (Hrsg.), *Führen in der Arbeitswelt 4.0* (S. 33–50). Berlin: Springer.

Piaget, J. (2009). *Die Psychologie des Kindes* (10. Aufl.). München: Klett-Cotta im Deutschen Taschenbuch Verlag.

Quinn, R. E. (2015). *The positive organization: Breaking free from conventional cultures, constraints, and beliefs.* San Francisco: Berrett-Koehler Publishers.

Qumer, A., & Henderson-Sellers, B. (2008). An evaluation of the degree of agility in six agile methods and its applicability for method engineering. *Information and Software Technology, 50*(4), 280–295. https://doi.org/10.1016/j.infsof.2007.02.002.

Reckwitz, A. (2019). *Die Gesellschaft der Singularitäten: Zum Strukturwandel der Moderne.* Berlin: Suhrkamp.

Redlich, A. (2015). Die Soziale Architektur von Gruppen in der Teamentwicklung. Hamburg: Fachbereich Psychologie der Universität Hamburg. https://doi.org/10.13140/RG.2.1.1113.6483.

Riemann, F. (2017). *Grundformen der Angst* (42. Aufl.). München: Reinhardt.

Rifkin, J. (2011). *Das Ende der Arbeit und ihre Zukunft: Neue Konzepte für das 21. Jahrhundert* (3. aktualisierte Aufl.). Berlin: Fischer Taschenbuch.

Rosa, H. (2014). *Beschleunigung: Die Veränderung der Zeitstrukturen in der Moderne* (10. Aufl.). Berlin: Suhrkamp.

Rosa, H. (2018). *Unverfügbarkeit.* Wien: Residenz.

Rose, D. (2018). *Enterprise agility For dummies.* New York: For Dummies.

Rosenberg, M. B. (2015). *Nonviolent communication: A language of life* (3. Aufl.). Encinitas: PuddleDancer Press.

Schein, E. H. (1985). *Organizational culture and leadership.* San Francisco: Jossey-Bass.

Schein, E. H. (1999). *The corporate culture survival guide.* San Francisco: Jossey-Bass.

Schnell, N., & Schnell, A. (2019). *New work hacks.* Berlin: Springer.

Schuler, H., & Kanning, U. P. (2014). *Lehrbuch der Personalpsychologie* (3. Aufl.). Bern: Hogrefe.

Schumacher, T., & Wimmer, R. (2019). Der Trend zur hierarchiearmen Organisation. *Organisationsentwicklung, 2,* 12–19.

Schwaber, K. (2013). Der Scrum Guide. *Scrum.Org and ScrumInc.* https://www.scrumguides.org/docs/scrumguide/v1/Scrum-Guide-DE.pdf. Zugegriffen: 29. Mai 2020.

Seligman, M. E. P., & Csikszentmihalyi, M. (2000). Positive Psychology. *American Psychologist, 55*(1), 5–14.

Senge, P. M. (1994). *The fifth discipline. The art and practice of the learning organization.* New York: Doubleday.

Sennett, R. (2010). *Der flexible Mensch: Die Kultur des neuen Kapitalismus* (8. Aufl.). Berlin: Berliner Taschenbuch.

Simon, F. B. (2010). *Die Kunst, nicht zu lernen: Und andere Paradoxien in Psychotherapie, Management, Politik.* (5. Aufl.). Heidelberg: Carl-Auer.

Sobel, L., Schweitzer, J., Malcolm, B., & Groeger, L. (2019). *Design thinking mindset: Exploring the role of mindsets in building design consulting capability.* In: Academy for Design Innovation Management, London, 19. Juni 2019.

Stutz, K. (2019). *Organisationale Lernfähigkeit Eine Fallstudie über die Lernfähigkeit eines Unternehmens in der Fintech-Industrie* (Unveröffentlichte Bachelorarbeit). Departement Angewandte Psychologie.

Varga von Kibéd, M. (2016). *Ganz im Gegenteil: Tetralemmaarbeit und andere Grundformen Systemischer Strukturaufstellungen—Für Querdenker und solche, die es werden wollen* (9. Aufl.). Heidelberg: Carl-Auer.

Virilio, P. (2015). *Rasender Stillstand* (5. Aufl.). Berlin: Fischer Taschenbuch.

Doeze Jager-van Vliet, S. B., Born, M. P., & van der Molen, H. T. (2019). Using a portfolio-based process to develop agility among employees. *Human Resource Development Quarterly, 30*(1), 39–60. https://doi.org/10.1002/hrdq.21337.

von Glasersfeld, E. (2011). *Radikaler Konstruktivismus: Ideen, Ergebnisse, Probleme* (7. Aufl.). Berlin: Suhrkamp.

von Glasersfeld, E. (2013). *Wege des Wissens: Konstruktivistische Erkundungen durch unser Denken* (2. aktualisierte Aufl.). Heidelberg: Carl-Auer.

Warhurst, C. (2008). *Work less, live more? Critical analysis of the work-life boundary.* Basingstoke: Palgrave Macmillan.

Watzlawick, P. (2013). *Lösungen: Zur Theorie und Praxis menschlichen Wandels* (8. Aufl.). Bern: Huber.

Weick, K. E. (2015). *Managing the unexpected: Sustained performance in a complex world.* Hoboken: Wiley.

Werkmann-Karcher, B. (2019). Performance Management und Performance Feedback in der Arbeitswelt 4.0. In: C. Negri (Hrsg.) *Führen in der Arbeitswelt 4.0* (S. 153–168). Berlin: Springer.

West, M. A. (2012). *Effective teamwork: Practical lessons from organizational research* (3. Aufl.). New-Jersey: Wiley-Blackwell.

Whitehead, A. N., & Russell, B. (1999). *Principia mathematica* (4. Aufl.). Berlin: Suhrkamp.

Wirtz, M. A., & Dorsch, F. (2020). *Dorsch—Lexikon der Psychologie* (19. aktualisierte Aufl.). Bern: Hogrefe.

Wrzesniewski, A., & Dutton, J. E. (2001). Crafting a job: Revisioning employees as active crafters of their work. *Academy of Management Review, 26*(2), 179–201.

Zirkler, M. (2000). On the ecology of learning. Contexts and why they should be considered. [Zur Oekologie des Lernens. Kontexte und warum ihre Beachtung nützlich sein kann]. *Zeitschrift für systemische Therapie, 18*(2), 90–96.

Zirkler, M. (2014). Reconciliation in postmodernen Arbeitsverhältnissen. In: U. Mäder (Hrsg.), *Reconciliation: Vergeben ohne zu vergessen?* (S. 165–177). Basel: Edition gesowip.

Zirkler, M. (2018). *Using uncertainty as a means to organize anti-chronification within personal and organizational systems.* In: Creating Uncertainty, Ascona, 3. Juli 2018.

Zirkler, M. (2019a). Entwurf einer lebensdienlichen Organisation. In: D. Süss & C. Negri (Hrsg.), *Angewandte Psychologie* (S. 57–67). Berlin: Springer.

Zirkler, M. (2019b). H.O.P.E. as a Framework for the Positive Organisation. *IBA Journal of Management and Leadership, 10*(2), 15–22.

Zirkler, M. (2019c). *Power Shift—Transitions from Hierarchy to Holacracy.* In: Holacracy Forum, Amsterdam, 26. September 2019.

Zirkler, M., & Raschèr, A. F. G. (2014). Zur Ordnungsstruktur von Moderationsprozessen: Funktionen, Rollen und Konfliktpotenziale. In: J. Freimuth & T. Barth (Hrsg.), *Handbuch Moderation: Konzepte, Anwendungen und Entwicklungen* (S. 99–120). Bern: Hogrefe.

Printed in the United States
By Bookmasters